SIMONE KERN

WILDE KÜBEL

Gestaltungsideen für Balkon & Terrasse

naturnah,
insektenfreundlich,
unkompliziert

KOSMOS

INHALT

Das aus Südeuropa stammende Nelken-Leimkraut ist ein einjähriger Dauerblüher und zugleich Schmetterlingsmagnet.

MEIN INSEKTENFREUNDLICHER & WINTERFESTER KÜBELGARTEN

Töpfe und Kübelpflanzen begleiten mein gesamtes Gärtnerleben, von den „Lehr- und Wanderjahren“ bis zum heutigen Tag. Denn sie sind mobil: Sie zogen in der Vergangenheit einfach von einem Wohnort zum anderen mit mir um, sicherlich auch mit ein paar Ausfällen. Von Reisen, Exkursionen oder besonderen Gärtnereien bringe ich mir immer wieder die eine oder andere Pflanze mit, welche zunächst einen Platz in einem Kübel bekommt. Und diese Pflanzen sind oft Stauden oder kleine Gehölze. Sie müssen winterfest sein, das ist mein Hauptkriterium. Manchmal experimentiere ich auch noch zusätzlich mit Samen. Intuitiv entstand daraus ein pflegeleichter, standortbezogener und insektenfreundlicher Kübelgarten.
Ganz anderes als ich es von meinen Eltern kannte, welche großen Bottiche mit riesigen, nicht frostharten Pflanzen auf der Terrasse stehen hatten, die dann jeden Herbst mit Mühen an ihren Überwinterungsplatz geräumt werden mussten. Und im Sommer wurde abends viel Zeit für das Gießen verwendet. All dies habe ich bei meinen „wilden“ Töpfen nicht.

Als Gartenplanerin liefen Pflanzgefäße lange nur mit, bis mir klar wurde, welch attraktive gestalterische Rolle sie in Gärten, aber auch auf Terrassen oder in Eingangssituationen übernehmen können. Man denke da nur an englische „Cottage-Gärten“. Was wären diese ohne üppig bepflanzte Terrakottatöpfe? Sie sind echte Eyecatcher im Garten, und machen Terrassen erst gemütlich. Inzwischen haben Pflanzgefäße einen festen Platz in meinen Planungen.
Für Menschen ohne Gärten, die beispielweise nur einen Balkon haben, sind Töpfe die einzige Möglichkeit sich gärtnerisch zu betätigen oder sich mit Grün zu umgeben. Und besonders jetzt, wo wir Menschen der Natur etwas zurückgeben und Tieren Nahrungs- und Lebensraum zur Verfügung stellen sollten, wird immer klarer, dass dies an jedem noch so kleinen Platz stattfinden kann und soll. Ja, sogar auf der Fensterbank.

Es kommen in diesem Buch unterschiedlichste Kriterien zusammen: Gestaltung, Pflegleichtigkeit, Nutzen. Bei allen Kombinationen und der Pflanzenauswahl spielen immer die Themen Nachhaltigkeit und Förderung von Tieren eine entscheidende Rolle. Lassen Sie sich auf das Experiment „Wilde Kübel“ ein!

Simone Kern

DIE NATUR ALS VORBILD

— *für Balkon & Terrasse*

DIE NATUR NACH HAUSE HOLEN!

Was bis vor ein paar Jahren vielen Menschen als Randthema erschien – der Verlust von Artenvielfalt, Wildtieren und bunten Wiesen in der Landschaft – ist inzwischen zur bitteren Realität geworden.

Kaum eine Woche vergeht, in der nicht in den Medien über weltweit zurückgehende Tier- und Wildpflanzenpopulationen berichtet wird. Aber auch ohne Informationen aus Fernsehen oder Zeitschriften können wir täglich diesen Rückgang erleben, vor allem bei den Insekten. Jeder, der aufmerksam seine Umgebung beobachtet, sieht – oder besser sieht eben nicht mehr – Schmetterlinge oder Wildbienen. Ein weiteres gerne zitiertes Beispiel ist, dass man nach einer Autobahnfahrt an den Windschutzscheiben kaum noch Insekten findet. Das ist zwar nett, aber wenn wir weiter denken, zeigt uns dieses Phänomen genau das auf, was auch Wissenschaftler erläutern: Innerhalb der letzten Jahrzehnte hat sich die Anzahl der Insekten enorm verringert. Und dabei bleibt es nicht, denn dies betrifft die gesamte Nahrungskette: Insekten bilden für viele Tiere die elementare Nahrungsgrundlage. Finden beispielsweise Vögel zur Brutzeit nicht genügend proteinreiche Raupen oder anderes Getier, haben die Jungvögel schlechte Überlebenschancen.

Immer mehr werden die Zusammenhänge klar. Ganz offensichtlich wird dies durch unsere unersättlichen Bautätigkeiten und dem damit einhergehenden Flächenverbrauch. Damit verlieren wir täglich unwiederbringliche Lebensräume. Durch die Intensivierung der Landwirtschaft in den letzten Jahrzehnten haben Flora und Fauna überlebenswichtige Strukturen und Voraussetzungen eingebüßt. So hat der ausgeprägte Einsatz von Pflanzenschutzmitteln wie Glyphosat die natürlichen Kreisläufe stark verändert. Und um Felder und Wiesen besser und effizienter bearbeiten zu können, mussten zusammenhängende Flächen ohne Hindernisse geschaffen werden. Dazu wurden artenreiche Hecken entfernt, kleine Bachläufe verrohrt oder feuchte Wiesen drainiert. Nun kann man mit noch kraftvolleren Geräten Landwirtschaft betreiben. Aber diese unterschiedlichsten, oft linearen Lebensräume, beispielsweise Hecken oder Bäche, fehlen heute draußen in der Natur. Sie überzogen wie ein Netz das gesamte Land. Damit war zum einen ein genetischer Austausch, aber auch die Verbreitung von Arten gesichert.

SELBST AKTIV WERDEN

Seitdem derartiges Hintergrundwissen vorhanden ist, regt sich in der Bevölkerung verstärkt der Wunsch, etwas zu tun. Sei es durch

Gelbe Monotonie statt Artenvielfalt

Zilpzalp beim lebenswichtigen Insektenfang

Naturnahe Gärten werden zur Ersatznatur.

Volksentscheide, welche auf die Politik einen gewissen Druck ausüben, oder durch ein verändertes Konsumverhalten. Produkte aus biologisch und nachhaltig geführter Landwirtschaft erfreuen sich zunehmender Beliebtheit. Vor allem wollen Menschen aktiv etwas tun, durch die Umgestaltung von Gärten und Pflanzungen in arten- und strukturreiche, naturnahe Anlagen. Sie möchten der Natur bei sich vor der Haustür, auf dem Balkon oder der Terrasse etwas zurückgeben, was „draußen" immer weniger zu finden ist: Artenvielfalt. Und wir wissen inzwischen, dass bei richtiger Anlage und Pflanzenverwendung Gärten genau dieses fehlende „Netz" ersetzen können. Stadtbrachen, Gärten, aber auch das noch so kleine „Grün" wie das im Kübel können zwischen hochwertigen Naturräumen eine sogenannte Trittbrettfunktion übernehmen, welche früher etwa Feldgehölze oder ungenutzte Restflächen innehatten.

STADT ALS NATURRAUM

So intensiv die Landschaft genutzt und verändert wird, sei es durch Bebauung, Landwirtschaft, aber auch Freizeitaktivitäten des Menschen, so spannend ist es, inwieweit sich die Natur Flächen in Städten oder Ortschaften zurückerobert. Parkanlagen, Schrebergärten oder Industriebrachen werden zu regelrechten Oasen und Rückzugsräumen, vor allem für Tiere. Diese haben ihren Ort zum Leben schon lange mit dem Menschen geteilt, man denke da nur an Schwalben, deren Nester kaum woanders zu finden sind als an Gebäuden. Wir haben einfach nur vergessen, wie gut wir im Einklang mit Tieren und artenreichen Pflanzungen leben können. Jedes Gebäude, jede noch so kleine Nische und Fuge kann zum Lebensraum werden – falls wir es zulassen. Pflanzen und Tiere sind dankbare Bewohner, wenn wir ihnen die richtige Umgebung anbieten. Und genau hier sollten wir ansetzen.

MENSCHEN IN DER STADT UND DEREN SEHNSUCHT

Viele Menschen haben den Traum vom Eigenheim mit Garten, das aus Kostengründen meist eher auf dem Land oder in der Vorstadt zu finden ist. Doch es gibt auch den Trend zur Urbanisierung. Immer mehr Leute zieht es in die Städte, sei es aufgrund der Arbeit, aber auch wegen sozialer oder kultureller Aspekte. „Stadtluft macht frei", das gilt immer noch – die Stadt ist weiterhin für viele ein idealer Wohn- und Lebensort. Dieser Trend ist im Übrigen global. Weltweit entstehen immer mehr Mega-Cities. „Grün" spielt in den Städten eine immer größere, entscheidende Rolle: als Klimapuffer in Form von schattenspendenden Bäumen oder

01

02

Fassaden- und Dachbegrünung. Zudem reinigen Pflanzen die Luft und tragen damit zur Gesundung der Stadtbewohner bei. Doch in den letzten Jahren trat auch immer stärker der ökologische Erlebniswert von Stadtnatur in den Vordergrund: Menschen, die keinen eigenen Garten besitzen, wollen aktiv etwas umsetzen, wollen ihren Beitrag zum „Umweltschutz" leisten. Oder möchten schlichtweg Gemüse und Kräuter ernten oder Pflanzen und Tiere beobachten. Besonders jungen Familien liegt dies am Herzen, möchten sie doch der nächsten Generation Lebenswertes hinterlassen. Dazu müssen die Kinder einen Bezug zur Natur bekommen. Und wenn man nun in einer klassischen Stadtwohnung lebt? Dann kann man sich entweder um Patenschaften von städtischen Flächen bemühen oder die eigene Fensterbank oder den Balkon bepflanzen.

03

04

DER KLEINSTE PLATZ ZÄHLT

Es gibt verschiedenste Varianten von Domizilen ohne Gärten. Manch einer hat das Glück einer großen, ebenerdigen Terrasse. Da lässt sich einiges kreieren. Häufiger sind jedoch Wohnungen mit Balkonen, welche mal größer, mal kleiner ausfallen, doch fast immer haben sie eine extreme Ausgangssituation: entweder sehr heiß und sonnig oder aber schattig. Manchmal auch in schwindelerregenden Höhen, wo das Thema Wind auftreten kann. Immer häufiger gibt es Dachgärten, ein okkupiertes Flachdach, welches sich zwar nicht zu einer Dachbegrünung eignet, aber sehr wohl mit bunt bepflanzten Töpfen zu einem erweiterten Garten-Wohnzimmer wird. Sogar auf Fensterbänken lässt sich einiges anpflanzen, vor allem Kräuter und robuste Wildstauden gedeihen hier wunderbar. Dies soll Mut machen: Egal, welche Art von Wohnung man hat, es gibt fast für jeden Ort eine Möglichkeit, mit wilden Pflanzen zu arbeiten, Insekten zu fördern oder andere Tiere zu unterstützen.

01 Ein mit Wildstauden bepflanzter Dachgarten wird zur Wildbienen-Oase.

02 Auf der sonnigen Fensterbank fühlen sich Kräuter, wie hier Basilikum, wohl. Praktisch: Man kann sie direkt von der Wohnung aus ernten.

03 Kinder sind neugierig und begeistern sich für Natur. Selbst in der Stadt können sie Tiere, zum Beispiel Frösche, beobachten.

04 Schrebergärten liegen wieder im Trend. Hier kann man Obst und Gemüse anbauen, aber auch Naturerfahrungen vor der Haustür machen.

WER BESUCHT UNS? — *Naturbeobachtung auf der Fensterbank*

Um auf dem Balkon Tiere zu erleben, müssen wir sie anlocken. Entweder durch entsprechende Pflanzen, mithilfe von Nisthilfen, Wasserstellen oder durch Anfüttern.

Auf einem Balkon kann uns eigentlich fast nur fliegendes Getier besuchen. Ausnahmen bestätigen die Regel: Spinnen. Sie sind vielleicht nicht so beliebt, gehören aber zu einer ausgewogenen Lebensgemeinschaft. Spätestens, wenn sie uns unwillkommene Fliegen wegfangen, werden wir ihr Dasein tolerieren. Ganz sicher sind blütenbesuchende Wildbienen, wie die Scherenbiene, zu entdecken. Wählen wir bei der Bepflanzung Hummelmagneten wie den Natternkopf aus, lassen diese pelzigen Gesellen nicht lange auf sich warten. Ähnlich verhält es sich mit Schmetterlingen. Allerdings darf man sich nicht wundern, dass man sie eher selten sieht. Nicht jeder Flattermann mag schwindelerregende Höhen, und zudem leben fertige Schmetterlinge nur kurz. Ein Insekt wurde noch nicht erwähnt: die Honigbiene. Sie ist kein Wildtier. Wenn nicht in einem Radius von ca. 4 km ein Bienenstock steht, sind auch keine Honigbienen zu erwarten.

01

WEN GIBT ES NOCH?

Vögel schauen nur dann vorbei, wenn es sich für sie lohnt. Neben Zufallssichtungen sind es vor allem Finken, welche wir durch bestimmte Pflanzen anlocken können. Auf feine Samen von Wildstauden wie Disteln oder Habichtskraut stehen sie besonders. Meisen oder Spatzen sammeln etwas größere Samen, wie sie an Sonnenblumen zu finden sind. Und Amseln klauen gerne süße Beeren. Je nach Lage eines Balkons kann auch mal ein Eichhörnchen vorbeischauen, das an einer Fassadenbegrünung hochklettert. Sogar Fledermäuse sind möglich, welche wiederum Insekten fressen. Aber das muss so sein, wir wollen ja die gesamte Nahrungskette im Blick haben.

02

03

04

01 Der Natternkopf ist ein Schmetterlings- und Bienenliebling. Hier labt sich ein Schwalbenschwanz an seinem Nektar.

02 Hausspatzen werden selten. Mit Glück können wir solche Szenen beobachten: Ein Altvogel füttert in der Stadt sein Junges.

03 Die Scherenbiene nistet willig in die ihr angebotenen Nisthilfen ein. Sie liebt außerdem die Blüten fast aller unserer Küchenkräuter.

04 Zunächst als Schadinsekt identifiziert, kann die Blattlaus bald zu einem gefundenen Fressen werden: Ein Marienkäfer frisst am Tag bis zu 150 Blattläuse. Kein Wunder also, wenn er nicht lange auf sich warten lässt. Auch seine Larven haben Blattläuse zum Fressen gern.

NACHHALTIGE BEPFLANZUNG

Das Wort Nachhaltigkeit ist in aller Munde, doch was bedeutet dies in Bezug auf Kübelpflanzen? Und was ist der Unterschied zur klassischen Wechselbepflanzung, die wir immer noch häufig antreffen?

Bevor auf langfristige Pflanzungen eingegangen wird, sollte man sich nochmals kurz vor Augen führen, was eine Wechselbepflanzung bedeutet. Dann liegen nämlich automatisch die Vorteile einer nachhaltigen Bepflanzung auf der Hand. Im Frühjahr geht es los, wenn in den Baumärkten blühende Topfpflanzen angeboten werden, die unter natürlichen Umständen zu dieser Jahreszeit weder blühen würden, geschweige denn schon die angebotene Größe erreicht hätten. Mit viel Energie- und Düngeaufwand werden diese Pflanzen herangezogen. Oft sind sie nur für eine kurze Zeit ein bunter Hingucker in einem Topf auf der Fensterbank. Die Erfahrung lehrt, dass sie sehr anfällig auf Extreme reagieren: Wehe, wenn ein später Frost sie erwischt, oder man vergisst sie zu gießen – vorbei ist es mit der bunten Pracht. Da bleibt nur noch die Entsorgung. Aber auch, wenn sie länger leben: Spätestens gegen Ende des Sommers, bei kühlerem Wetter, sterben sie ab und müssen ausgewechselt werden. Wir sollten dabei auch nicht vergessen, dass wir es mit Leben zu tun haben, was an der Stelle fast zu einem philosophischen Ansatz wird.

LANGFRISTIGE PFLANZENWAHL

Ganz anders mit einer nachhaltigen Pflanzung. Sie ist überwiegend mehrjährig. Dies können Kleinsträucher wie Lavendel oder Stauden sein, welche in einer beengten Standortsituation zurechtkommen. Allen ist gemeinsam, dass sie jedes Jahr wieder austreiben und wachsen, sofern ihnen der Standort zusagt. Dies schont Ressourcen und den Geldbeutel. Eine nachhaltige Pflanzung funktioniert nur, wenn wir uns vorher intensiv mit dem Standort sowie den Ansprüchen und der Wuchsweise der Pflanzen auseinandergesetzt haben. Belohnt werden wir auf Dauer mit einer schönen und zugleich pflegleichten Topfbepflanzung: wenig bis kein Dünger-, kaum Gießaufwand, kein Nachpflanzen – immer unter der Voraussetzung einer standortgerechten Pflanzauswahl.

DER WERT HEIMISCHER WILDPFLANZEN

Verwenden wir heimische Wildpflanzen, ergibt sich zudem ein hoher ökologischer Nutzen. Je mehr dieser Pflanzen wir einsetzen, desto mehr fördern wir unsere heimischen Tiere. Dies kommt zunächst blütenbesuchenden Insekten wie Hummeln und Wildbienen zu Gute. Sie haben sich im Laufe der Evolution gemeinsam mit den Pflanzen entwickelt und sind voneinander abhängig. Ohne diese wilden Gewächse werden wir die Tierwelt nicht unterstützen. Wir sollten uns also umsehen, welche Pflanzen bei uns und in Mitteleuropa natürlicherweise vorkommen. Das können auch ausgelesene Sorten sein, die Blüten müssen allerdings immer ungefüllt sein, damit Bienen und Co. etwas

01

02

03

von dem Nektar und Pollen abbekommen. Bei den folgenden Pflanzvorschlägen ist dieser Aspekt immer berücksichtigt.
Wurden die Blüten bestäubt, setzen sie Samen an, welche uns als spontaner Aufwuchs ab dem folgenden Jahr erfreuen wird. Diese Samen oder Früchte können auch Vögeln wie Distelfinken oder Amseln als lebenswichtige Nahrung dienen. Außerdem sind Wildpflanzen oft wahre Standortakrobaten, die uns nur ein Minimum an Pflegeaufwand abverlangen. Viele Argumente dafür, diese Pflanzen einzubinden.

NÜTZLICHE STAUDEN AUS DER GANZEN WELT

Nicht-heimische Stauden, die ein gutes Nektar- und Pollenangebot in Zeiten anbieten, in denen unsere Pflanzen weniger blühen, sind wichtige Nahrungslieferanten für Insekten. Das ist besonders im Sommer und Herbst so. Deshalb sind diese Blütenpflanzen eine wichtige Ergänzung im Wildstauden-Topfgarten.

DIE HERKUNFT DER TOPFPFLANZEN

Arbeiten wir mit Wildpflanzen, ist es sinnvoll, sich deren Naturstandort zu betrachten, auf welchem Boden sie wachsen und welchen Wasserbedarf sie haben. Dadurch lässt sich ableiten, wieviel Platz und welches Substrat sie bei uns zu Hause benötigen, ob sie

01 Mit heimischen Stauden wie Knautien oder Römischer Kamille fördern wir Wildinsekten.

02 Einmal gepflanzt erfreuen uns Gehölze und Stauden von Jahr zu Jahr nachhaltig.

03 Kübel mit mehrjähriger Bepflanzung wie Efeu bilden schöne Akzente.

01

02

überhaupt für eine Trogbepflanzung geeignet sind und wie groß ein Container mindestens sein sollte.

KRÄUTER

Viele unserer Garten-Gewürzpflanzen wachsen von Natur aus an extrem sonnigen, heißen Standorten. Oft kommt ein stark durchlässiger, steiniger Boden hinzu – gepaart mit wenigen Niederschlägen. An Orten, an denen man denkt, dass nichts mehr gedeiht, fühlen sich viele Kräuter am wohlsten und bilden das beste Aroma aus. Dazu gehört zum Beispiel Thymian. Man findet ihn auf kalkhaltigen Geröllhalden, wie auf der Schwäbischen Alb. Oft ist kaum Erde zu erkennen, trotzdem wächst er bestens und blüht üppig! Meistens hängt eine Traube von Wildbienen an seinen Blüten. Oder denken wir an den Lavendel in der trockenen Provence. Übertragen wir dies auf die Topfbepflanzung, sind es genau diese Gewächse, die man für die moderne Kräuterküche nutzt und die zugleich extremste Plätze vertragen: heiße Fensterbänke, sonnige Terrassen.

SUKKULENTEN

Wachsen Kräuter an mageren Plätzen, finden wir sukkulente Pflanzen wie die Hauswurz oder den Mauerpfeffer an unwirtlichen Stellen, wo schon fast kein Boden mehr vorhanden ist. Diese Pflanzen haben als Schutz vor Austrocknung eine Wachsschicht über ihren verdickten Blättern und speichern darin zusätzlich Feuchtigkeit. Wächst auf einer heißen Fensterbank wegen extremer Hitze fast nichts mehr, sind diese Pflanzen genau die richtige Wahl. Zudem blühen sie ausgesprochen attraktiv und stellen eine hervorragende Bienenweide dar. Sie werden oft für die extensive Dachbegrünung eingesetzt, in sogenannter Sprossenansaat.

03

04

KLEINE GEHÖLZE

Es ist erstaunlich, wie sich Gehölze in freier Natur an ungünstige Standorte anpassen. In felsigem Gelände finden wir Gehölze mit Krüppelwuchs. Dort wachsen Sträucher und Bäume aus kleinsten Spalten mit wenig Nahrungsangebot. Und schaut man genauer, erkennt man, dass diese oft Jahrzehnte alt sind, ohne abzusterben. Ganz im Gegenteil: Sie haben sich ihrer Umgebung angepasst. Es gibt einige heimische, attraktive Gehölze, welche solch beengten Verhältnisse ertragen. Rechtzeitig, schon als Jungpflanzen, daran gewöhnt, werden sie nicht nur mit steinigen Schlitzen, sondern auch mit Containern auf einer Terrasse zurechtkommen.

SCHATTENDASEIN

Sogar im Schatten finden wir spannende Wildstauden, die sich für die Trogbepflanzung absonniger Ecken eignen. Einige wachsen auch in kühl-feuchten Spalten und kommen mit wenig Substrat aus: sogenannte Ritzenbesiedler wie Zimbelkraut oder Hirschzungenfarn. Doch die meisten Schattenpflanzen bevorzugen eher humose, nährstoffreiche Böden und Wasser. Deshalb sollten wir diese Stauden gut versorgen, um ihren Ansprüchen zu genügen.

01 Die sonnenhungrige Hauswurz ist extrem anspruchslos.

02 Thymian, Dost oder Schafgarbe wachsen in der Natur an trockenen Standorten. Deshalb müssen sie im Topfgarten kaum gegossen werden.

03 Pflanzen wie der Mauerpfeffer zeigen uns am Naturstandort, wie genügsam sie sind.

04 Das wilde Zimbelkraut ist eine gute Begleitstaude für schattige Topfsituationen.

WISSENSWERTES VORNEWEG

— *Töpfe, Substrate & Pflanzen*

In einem modernen Topf ist der Kontrast zu natürlichen Pflanzungen sehr groß.

Ein lockerer Materialmix kann leicht mit anderen Gefäßen fantasievoll ergänzt werden.

MIT GEFÄSSEN GESTALTEN

Mobile Kübelgärten sind flexibel und veränderlich. Wir können sie immer wieder neu anordnen, ja sogar mit ihnen umziehen. Es sei denn, das Behältnis ist so schwer, dass es nicht mehr bewegt werden kann.

In erster Linie werden Pflanzgefäße dort eingesetzt, wo kein Bodenanschluss vorhanden ist. Solche Situationen können wir auf einem Balkon, aber auch auf großflächigen Pflasterungen antreffen. Bunt bepflanzte Kübel lockern als Dekoration solche „versteinerten" Bereiche auf.

IN DER ANORDNUNG LIEGT DIE KUNST

An dieser Stelle geht es zunächst um die Gestaltung mit Gefäßen, verschiedene Formen und Stilrichtungen. Auf unterschiedliche Materialien und deren optischen Eindruck wird im Anschluss, ab S. 24, eingegangen. Streng geometrische Gefäße wirken eher modern und reduziert. Werden sie entsprechend klar angeordnet, wird diese Wirkung noch unterstrichen. Einheitliche Gefäßform und Farbe verleihen dem Arrangement einen architektonischen, puristischen Charakter. Verspielter wirkt es, wenn unterschiedliche Größen, Formen, Farben und Materialien durchmischt werden. Man sollte vor dem Kauf der Pflanzgefäße für sich entscheiden, was einem gefällt, in welche Richtung man gehen möchte und was zum Gebäude und zur Umgebung passt.

Pflanzgefäße, die wie Möbel in einem Gartenlounge-Bereich kreativ angeordnet werden, schaffen Atmosphäre.

Gleichförmige Kübel wirken zurückhaltend ruhig und reduziert.

AKZENTE SETZEN ODER KOMBINIEREN

Besondere oder große Kübel lassen sich gut als Hingucker in Einzelstellung verwenden. Mit diesen Solitären können wir an Orten Akzente setzen, an denen wir uns häufig aufhalten oder die oft im Blickfeld liegen, beispielsweise Terrassen oder Hauseingänge. Gleichförmige Gefäße, rhythmisch und wegbegleitend angeordnet, unterstreichen diese Situation. Symmetrisch an Treppenläufen bilden sie einen Rahmen. Die Proportionen der Kübel sollten passen.

Unterschiedlichste, auch kleinere Töpfe, welche zueinander passen, kann man völlig frei und fantasievoll kombinieren. Dabei ist allerdings darauf zu achten, dass größere Kübel im Hintergrund stehen, kleinere seitlich und vorne.

All diese Gestaltungen haben den Vorteil, dass sie flexibel und nicht statisch sind. Wir können Kombinationen und Standorte ausprobieren, das Arrangement auf uns wirken lassen und durch Umsetzen wieder verändern, ohne dass ein Schaden entsteht. So leicht haben wir es bei einer Beetbepflanzung nicht!

DER WECHSEL DER JAHRESZEITEN

Nicht jeder Kübel sieht ganzjährig attraktiv aus. Je größer er ist, desto eher haben wir jedoch die Chance, dies mit Pflanzenkombinationen zu erreichen. Im Frühling, wenn sich die ersten Hummeln auf Blüten freuen, wirken üppig mit Frühjahrsgeophyten bepflanzte Töpfe besonders schön. Leider ziehen sich diese nach der Blüte langsam wieder in ihre Zwiebeln zurück, was alles andere als ästhetisch ist. Aber das ist kein Problem! Sie sollen sowieso nach der Blüte ruhen. Stellen Sie das Gefäß einfach für die nächsten Monate in ein uneinsehbares Eck. Ähnliche Situationen kann es auch mit Stauden geben. Hier gilt es ebenfalls, den Vorteil der Mobilität zu nutzen und sie im Hintergrund zu platzieren. Aber nicht nur aus optischen Gründen kann es sinnvoll sein, den Standort von Gefäßen zu verändern. Durch den Jahreszeitenlauf haben wir unterschiedlichste Sonneneinstrahlung. Und so können beispielsweise Kräuter, welche viel Wärme und Licht benötigen, im Laufe des Jahres mit der Sonne „mitwandern", indem wir ihnen immer den optimalen Platz anbieten.

KÜBEL ALS SONDERLEBENSRAUM

Egal welche Art und Größe von Pflanzgefäßen wir verwenden, sie sind immer ein Sonderlebensraum, abgetrennt und isoliert von der natürlichen Ressource Boden.

Pflanzen, die in einem Gartenbeet wachsen, können sich aus der Tiefe des Bodens Feuchtigkeit und Nahrung holen, was durch Bodenlebewesen auf natürliche Art und Weise noch unterstützt wird. Ganz anders verhält es sich bei Kübelpflanzungen. Sie sind ein in sich abgeschlossenes System, ohne Bodenanschluss, ohne kapillare Kräfte, welche den Boden feucht halten würden. Und das Volumen ist der bestimmende und zugleich limitierende Faktor. Aber jede Pflanze benötigt Nahrung wie Stickstoff – die eine mehr, die andere weniger. Viele Stauden und Wildpflanzen sind da tendenziell genügsamer. Dennoch dürfen wir nicht aus den Augen verlieren, dass auch heimische Pflanzen im Topf nach einer gewissen Zeit gedüngt werden müssen. Aber auf keinen Fall öfters als einmal im Jahr.

Ähnlich sieht es mit der Wasserversorgung aus. Da Kübelpflanzen mit ihren Wurzeln nicht an gewachsenen, feuchten Boden gelangen können, und auch das Substrat an sich durch das Gefäß vom natürlichen, anstehenden Boden getrennt ist, trocknen Pflanzgefäße in der Regel schneller aus. Da Gießen viel Zeit beanspruchen kann, und man diesen Faktor sicherlich reduzieren möchte, ist die Wahl der Pflanzen entscheidend. Darüber hinaus können wir durch das Volumen des Gefäßes, die richtige Wahl des Substrates und durch den Standort diesen Aufwand reduzieren.

GROSS ODER KLEIN?

Je größer ein Gefäß, desto schwerer ist es, aber umso mehr Fassungsvermögen für Substrat hat es auch. Grundsätzlich ist dies für die Nährstoff- und Wasserversorgung der Pflanzen positiv. Aber es wirkt sich natürlich auf das Gewicht aus. Insofern sollte man bei der Ausstattung eines Balkons oder einer Dachterrasse im Vorfeld unbedingt klären, wie hoch die Traglast ist.

In großen Kübeln lassen sich die unterschiedlichsten Stauden kombinieren, Gemüse anbauen, ja sogar Gehölze gedeihen darin gut – und dies über Jahre. Insofern sind dies wahre nachhaltige Pflanzungen. Doch einmal platziert, werden große Gefäße ihren Standort beibehalten – ein Umstellen ist im wahrsten Sinne des Wortes schwer. Große Gefäße haben somit den Vorteil einer positiven Selbstversorgung der Pflanzen, doch allzu mobil sind sie dann nicht mehr. Aber die gute Nachricht: „Wilde Kübel" sind langfristig und mit Mehrjährigen bepflanzt. Sie können winters wie sommers stehen bleiben und

bringen eben nicht das Problem mit, sobald der Frost kommt, an einen Überwinterungsplatz geschleppt werden zu müssen.
Kleinere Töpfe haben ganz sicher ihre Daseinsberechtigung, vor allem auf überschaubaren Terrassen oder Balkonen. Konkurrenzschwache Pflanzen wie das Bohnenkraut sollte man am besten allein in einen kleineren Topf setzen. Mehrere Gefäße in Kombination sorgen wiederum für Abwechslung. Neben der Größe ist die Tiefe eines Kübels zu beachten. Schalenartige Gefäße trocknen auch wegen der größeren Oberfläche naturgemäß schneller aus. Deshalb sollten wir in diese unbedingt echte Hungerkünstler wie Hauswurz oder Fetthenne setzen. Bedenken wir dies nicht, bleibt es nicht aus, mehr zu gießen. Sehr gut eignen sich sogenannte Rosentöpfe, welche für Gewächse mit starken Pfahlwurzeln wie Rosen konzipiert wurden. Diese Töpfe haben ein gutes Fassungsvermögen und zeichnen sich besonders durch ihre Tiefe aus. Ihr Durchmesser ist dagegen eher gering, was sich auf Terrassen platzsparend auswirkt. Selbstverständlich kann man darin auch andere Pflanzen setzen. Der förderliche Effekt bleibt.

WAS ES SONST NOCH ZU BEDENKEN GIBT

Es gibt keine wirklichen Einschränkungen, welche Art von Töpfen oder Pflanzen wir auf einem Balkon oder Dachgarten verwenden. Wichtig ist jedoch, die Traglast zu prüfen, woraus sich die Gestaltungsmöglichkeiten ableiten. Man sollte darauf achten, dass Töpfe und Kübel stabil stehen und bei starkem Wind nicht herunterfallen können. Diese Gefahr besteht vor allem bei kleinen Töpfen auf der Fensterbank. Notfalls sind sie mit Verankerungen bzw. einer Absturzsicherung zusätzlich zu befestigen. Ausgetrocknete Gefäße können leicht umkippen; eine Beschwerung mit Steinen ist praktisch.

In flachen Tonschalen wachsen „Hungerkünstler" gut.

Tiefe Töpfe lassen mehr Pflanzenarten zu.

Bei der Pflanzenauswahl ist zu überlegen, ob Pflanzenteile wie herabfallende dunkelrote Früchte oder Haftwurzeln von Kletterpflanzen Schäden verursachen können. Verwenden Sie Untersetzer, damit das Gießwasser nicht unkontrolliert abfließt. Wer hat nicht schon erlebt, dass man auf einem Gehweg lief und plötzlich Wasser „von oben" kam?

MATERIALKUNDE

Die Auswahl an Materialien für Pflanzbehältnisse ist enorm. Erfahrungsgemäß ist es sinnvoll, mit zu bedenken, wie man nach dem Bepflanzen bei Bedarf vor allem größere Kübel bewegen kann. So sollten runde Tontöpfe einen ausgeprägten, überwallenden Rand haben, welchen man gut greifen kann. Praktisch sind Schlaufen oder Griffe, sofern sie der Optik nicht zu viel Abbruch tun. Auch ein rollbarer Untersatz kann sinnvoll sein.

TON UND TERRAKOTTA

Besonders für eine natürliche, mediterrane Bepflanzung wirken Gefäße aus Ton schön und harmonisch. Sie setzen mit der Zeit eine charmante Patina an. Es gibt sie in allen erdenklichen Größen und Formen – handgefertigte und künstlerisch individuelle sind besonders hochwertig. Egal, ob Industrieware oder Handcraft: In den Wänden unglasierter Tontöpfe speichert sich Wasser, was kühlt. Aber das hat den Nachteil, dass sie nicht wirklich frostfest sind, selbst wenn es versprochen wird. Je weniger Staunässe entsteht, desto höher sind die Chancen, dass diese Gefäße länger halten. Farbig glasierte Tontöpfe sind langlebiger und passen sehr gut zu bunten Stauden. Nur sollte man sich vorher ein genaues Farbkonzept überlegen.

NATURSTEIN

Tröge aus Sandstein oder Granit wirken rustikal, sind sehr langlebig, allerdings ausgesprochen schwer und kostspielig. Aufgrund des Gewichts eignen sie sich eher für bodenebene Terrassen und sollten einen festen Platz finden.

BETON UND KUNSTSTEIN

Gleiches gilt für Betongefäße, die in ihrer Form- und Farbgebung mit moderner Architektur harmonieren. Faserbeton und Kunststein ist inzwischen völlig asbestfrei. Pflanzkübel aus diesen Materialien sind zwar auch

Tontöpfe sind perfekt für sonnige Standorte.

In Natursteintröge passen Steingartenpflanzen.

Holzkisten mit Rollen sind praktisch und mobil.

schwer, haben oftmals eine natursteinartige Oberfläche, was deren Einsatz rechtfertigt.

HOLZ

Ein schönes, oft völlig falsch eingeschätztes Material für Gefäße, ist Holz. Verwenden wir die richtigen Hölzer – Eiche, Robinie oder Kastanie – halten diese weitaus länger als erwartet. Man sollte sie nicht lasieren oder bemalen, womit sich sogar der Pflegeaufwand verringert. Wichtig ist lediglich, dass sie gute Ablaufbohrungen aufweisen. Positiv ist das geringe Gewicht. Die Erde kann direkt in die Kübel gefüllt werden, ohne diese mit einer Folie auskleiden zu müssen. Damit ist die natürlich Schutzfunktion der Hölzer durch Feuchtigkeit gegeben.

METALL

Immer größerer Beliebtheit erfreuen sich metallene Kübel, insbesondere aus Cortenstahl: eine Speziallegierung, welche verrostet aussieht, aber nicht weiter korrodiert. Die rostrote Farbe bildet einen schönen Kontrast zur grünen Vegetation und schlägt einen gestalterischen Bogen zwischen moderner Architektur und Bepflanzung. Die Sorge, dass sich solche Gefäße schneller erhitzen, hat sich als nichtig herausgestellt: Das Substrat sogt für die nötige Kühlung.

KUNSTSTOFF

Dieser Werkstoff hat ein geringes Gewicht, es gibt ihn in zahlreichen Formen, Farben und Designs, und zudem hat er meist einen günstigen Preis. Feuchtigkeit hält sich im Topf relativ lange, was je nach Pflanzenart zu Wurzelfäule führen kann. Letztendlich hat das Material auch nur eine gewisse Haltbarkeit. Und so gut gemacht die Ton-Imitate heute sind, sie verströmen doch einen Hauch von Sterilität.

Cortenstahl harmoniert gut mit Stauden.

☞ MATERIALIEN UND IHRE EIGENSCHAFTEN

MATERIAL	FROSTHÄRTE	GEWICHT	LEBENSDAUER	NACHHALTIGKEIT
Ton, unglasiert	–	++	–	+++
Ton, glasiert	+	++	+	++
Naturstein/Beton	++	–	+++	+++
Holz	++	+++	++	+++
Metall	+++	–	+++	+
Kunststoff	+++	+++	+	–

KAUF NIX
— *mach Upcycling!*

Müll und Nutzloses in Neues und Brauchbares zu verwandeln, lässt sich auch auf Balkon, Terrasse und im Garten umsetzen. Das Konzept „Wilde Kübel" sollte grundsätzlich nachhaltig sein.

01

02

Bevor wir Töpfe kaufen: Erst einmal zu Hause, auf Flohmärkten oder beim Sperrmüll umsehen, ob nicht alte Gebrauchsgegenstände herumstehen, die nur darauf warten, in einen witzigen blühenden Hingucker verwandelt zu werden. Egal, was und wie wir „upcyceln", es erfordert Fantasie und Kreativität. Spannend ist, wenn wir Dinge aus dem Kontext nehmen und uminterpretieren. Dies kann zum Beispiel eine alte Gießkanne oder ein ausrangierter Kochtopf sein: Idealerweise mit einem Loch im Boden (erfüllt somit die eigentliche Funktion nicht mehr). Grundsätzlich kann alles, was mit Substrat befüllbar ist, auch als Gefäß verwendet werden.

Ein Thema sollten wir aber immer im Auge behalten: die Staunässe. Fast alles verzeihen Wildstauden, nur keinen „nassen Fuß". Um dem entgegenzuwirken, muss das Gefäß eine Art Abfluss haben. Bei Gegenständen aus Kunststoff oder Holz lässt sich das leicht umsetzen. Auch in manche Metallgefäße kann man ein Loch bohren. Aber bei Keramik, Steingut, Glas oder Emaille, da geht nichts! Dies bedeutet aber nicht, dass wir nicht trotzdem etwas daraus gestalten können. Dann wird eben das darin stehende Wasser zum Programm und wir legen einen kleinen Mini-Teich oder ein Mini-Sumpfbeet mit den entsprechenden Pflanzen an.

03 04

01 *Gebrauchte Paletten ergeben senkrecht aufgestellt ein interessantes, grünes Trennelement. Dazu müssen die Zwischenräume der Latten mit einer Folie verkleidet und mit Erde verfüllt werden. Erst dann wird bepflanzt. Zur Stabilität benötigen die „Raumteiler" einen Fuß.*

02 *Fast in jedem Haushalt finden sie sich noch: Alte Emaille-Kochtöpfe aus Großmutters Nachlass werden zu blühenden Hinguckern. Da man schwer ein Wasserabzugsloch bohren kann, sollte man hier vorsichtig gießen und Staunässe vermeiden.*

03 *Alte Verpackungen aus Industrie und Gewerbe zu verwenden, ist ausgesprochen spannend und hochaktuell. Dies können alte Öl-Fässer, Kunststoff-Säcke, Kunststoff-Kisten oder Blech-Kanister sein. Da sie meist ein relativ großes Volumen haben, sind sie die idealen Gefäße für eine nachhaltige Bepflanzung.*

04 *Fast alles kann man zu einem Pflanzgefäß umfunktionieren, sogar Jutesäcke. In diese sollte allerdings ein Vlies gelegt werden, bevor sie mit Substrat verfüllt werden. Das Ganze wird an eine Wand gehängt – und schon ist ein Hanging Basket neu interpretiert.*

SUBSTRATE UND ERDEN

Generell sollten in Pflanzgefäßen Substrate mit einem etwas höheren Nährstoffangebot eingesetzt werden. Viele naturnahe Stauden wachsen eigentlich auf mageren Böden. Doch im Topf ist alles anders.

Schnell sind in Töpfen und Kübeln die Nährstoffe verbraucht, organische Masse hat sich zersetzt. Und da solch ein Topf ein in sich abgeschlossenes System ist, und von außen kein natürlicher Eintrag stattfinden kann, müssen wir nachhelfen.

FERTIGE ERDEN

Ausgewogen gedüngte Erden aus dem Fachhandel sind für die Topfbepflanzung zu verwenden, sofern sie torffrei sind. Die meisten unserer Stauden und Wildpflanzen benötigen einen mittleren bis hohen pH-Wert, Torf senkt den pH-Wert. Außerdem ist es aus ökologischen Gründen nicht mehr vertretbar, Torf im Garten einzusetzen. Hierzu haben NABU und BUND „torffreie Einkaufsführer" herausgegeben, an denen sich der Verbraucher orientieren kann (www.bund.net/service/publikationen).

Idealerweise sollte die Erde einen hohen Humusgehalt haben, welcher für eine Krümelstruktur verantwortlich ist. Er speichert die Nährstoffe und sorgt für Belüftung. Ganze Rindenstücke oder Holzhäcksel dürfen auf keinen Fall in der Erde sein, dies deutet auf schlechte Qualität hin. Spezialerden wie Rosensubstrat sind meist nicht notwendig, eine hochwertige Universalerde reicht völlig aus. Wildstauden entwickeln sich in überdüngter Blumenerde entweder gar nicht oder sie werden mastig, was bedeutet: Sie wachsen zu schnell, werden instabil und knicken leicht um.

DACHBEGRÜNUNGSSUBSTRAT

Alternativ kann man spezielle Dachbegrünungssubstrate verwenden. Diese Mischungen eignen sich hervorragend für die Trogbepflanzung, denn sie sind auf Grund ihrer 80- bis 90 %igen mineralischen Bestandteile (Lava, Ziegelbruch etc.) strukturstabil. Das bedeutet, dass sie bestens vermengt sind und mit weniger Setzungen zu rechnen ist. Je nachdem, welche Art von Pflanzen man verwenden möchte, kann man zwischen Extensiv- oder Intensiv-Substrat wählen. Mischungen für eine extensive Dachbegrünung haben einen noch höheren Anteil an mineralischen Füllstoffen wie Blähton, was sich positiv auf ein geringeres Gewicht und eine gute Wasserspeicherfähigkeit auswirkt. Allerdings sollte man hier noch etwas sterilen Kompost untermischen und sehr vorsichtig ab und an dann doch organischen Dünger wie Hornspäne verabreichen. Mit Intensiv-Substraten kann man Töpfe ohne weitere Zugaben direkt verfüllen.

01

02

03

GARTENERDE – JA ODER NEIN?

Boden aus dem Garten sollte man nicht verwenden. Er könnte Samen enthalten, aus denen unsere Stauden später Konkurrenz in den beengten Behältnissen bekommen würden. Oft finden sich darin auch Pilze oder tierische Schädlinge. In normalen Gartenbeeten kommen Pflanzen damit gut zurecht, aber in der Sondersituation „Topf" sind Pflanzen oft sowieso schon etwas gestresst und somit anfälliger für Krankheiten.

Checkliste

SELBSTGEMISCHTE ERDEN FÜR JEDEN STANDORT

Für sonnige Standorte

- ☐ 45–50 % Kompost aus Grünschnitt
- ☐ 30 % Laub- oder Rindenkompost
- ☐ 15–20 % Sand
- ☐ 5–10 % Blähton, um die Wasserspeicherkapazität zu erhöhen

Für schattige Standorte

- ☐ 50 % Kompost aus Grünschnitt
- ☐ 45 % Laub- oder Rindenkompost
- ☐ 5 % Sand

Für Hungerkünstler

- ☐ 30 % Kompost aus Grünschnitt
- ☐ 30 % krümeliger Unterboden oder Lehm
- ☐ 40 % sandiger Kies oder Splitt

Je nach Pflanzenauswahl kann man noch Vermiculit, ein Tonmineral, welches die Nährstoffaufnahme fördert, oder Hornspäne als Langzeitdünger untermischen.

01 *Blähton eignet sich als Drainage: Er ist leicht, verhindert Staunässe und hat ein gutes Wasserspeichervermögen.*

02 *Für eine gute Struktur sollte Erde mit Sand oder Kies vermischt werden.*

03 *Wärmebehandelter Kompost bildet eine wichtige Basis für Pflanzsubstrate.*

ÜBLE KÜBEL – WAS SO ALLES SCHIEFGEHEN KANN

Mit mehrjährigen und heimischen Pflanzen im Kübel zu arbeiten bedeutet weniger Niederlagen. Trotzdem geht manchmal etwas schief. Nicht aufgeben, weitermachen!

DIE 7 „NO-GOS"

1. ZU NASS: STAUNÄSSE VERMEIDEN

Oberste Priorität ist, Staunässe in Töpfen zu vermeiden. Deshalb immer eine gute Drainage als unterste Schicht einbauen!
Zudem muss das Gefäß ein Abzugsloch haben. Die Erfahrung lehrt: Es funktioniert nicht ohne. Es sei denn, das Behältnis an sich ist wasserdurchlässig, wie beispielsweise eine alte Obstkiste. Nach einem starken Regen bleibt es deshalb nicht aus, zu kontrollieren, ob sich nicht doch Staunässe in den Kübeln gebildet hat, und diese bei Bedarf zu entleeren.

2. FALSCH GEGOSSEN ODER WIE MAN'S BESSER MACHT

Viele Kräuter, Stauden und Wildpflanzen kommen mit deutlich weniger Feuchtigkeit aus als „klassische" Balkonpflanzen. Aber wegen der engen Verhältnisse und unterschiedlichster Vegetation geht es eben auch nicht ganz ohne gießen oder nach „Schema F". Denn jede Pflanze hat unterschiedliche Ansprüche. Es zahlt sich aus, zu beobachten und Erfahrungen zu sammeln, welche Pflanze weniger und welche mehr Feuchtigkeit benötigt. So unpraktisch es oft ist – Untersetzer zu verwenden ist durchaus zu empfehlen: Zum einen, um Feuchtigkeitsschäden an Gebäuden zu vermeiden, zum anderen, um sie als Wasserreservoir zu nutzen. Denn so steht auch nach dem Gießen den Pflanzen noch Feuchtigkeit zur Verfügung.

3. ZU WENIG NAHRUNG – AUCH BEI „HUNGERKÜNSTLERN"

Ähnlich wie beim Gießen: Wildpflanzen sind robust und hart im Nehmen, im Kübel allerdings muss man nachhelfen, nur nicht zu viel. Es genügt oftmals, im Frühling eine Handvoll Hornspäne auf dem Substrat zu verteilen und einzuarbeiten. Alle paar Jahre wird umgetopft und neues, passendes Substrat verwendet.

4. KONKURRENZ BEACHTEN

Manche Staude hat einen starken Ausbreitungsdrang, wie Dost, der wilde Oregano. Dies muss man bei Kombinationen beachten: Schwachwüchsige Pflanzen nie mit schnellwüchsigen Arten kombinieren!

5. SCHÄDLINGE UND KRANKHEITEN

Für Balkon- und Terrassenbesitzer ist das immer wieder ein viel diskutiertes Thema: Läuse, Pilzerkrankungen oder andere Pflanzen-Wehwehchen. Auch hier kann sich der

Vorsicht: Lieber zu wenig gießen als zu viel.

Eine Drainageschicht im Topfboden ist unerlässlich.

Heute schön, doch Konkurrenz gefährdet die Balance.

„Wilde Kübel"-Besitzer eher entspannt zurücklehnen. Denn gesunde, nicht gestresste Wildpflanzen sind nicht besonders anfällig. Zudem fördern wir ja Insekten durch die richtige Vegetation im Kübel, und so werden Schädlinge oft von Nützlingen in Schach gehalten.

SCHNECKEN? KEIN PROBLEM!

Ein wirklich wunderbarer Vorteil an Kübeln ist, dass Schnecken (fast) keine Chance haben, an die Pflanzen zu kommen. Deshalb können wir hier auch Stauden verwenden, welche in einem „Schnecken-Garten" niemals wachsen und überleben würden.

6. FROSTSCHÄDEN – WIE MAN GUT ÜBER DEN WINTER KOMMT

Frost kann Pflanzen und Kübeln zusetzen. Wichtig ist, dass die Kübel, vor allem aus Ton, nicht zu nass in den Winter starten. Für die Pflanzen wiederum ist wichtig, dass sie auch im Winter nicht völlig austrocknen. Deshalb sollten sie an milden Wintertagen behutsam mit Wasser versorgt werden.

7. UMSTURZGEFAHR

Wir sollten jährlich prüfen, ob die Gefäße standfest sind, ob die Proportion von Gewächs und Kübel noch passen. Ein zu groß gewordener Strauch kann leicht mal mit dem Topf das Gleichgewicht verlieren und umfallen. Da heißt es am besten gleich umtopfen und versetzen.

BEPFLANZUNGS-IDEEN

— für Töpfe, Tröge & Kästen

Klassisch: höhere Stauden nach hinten, niedrige davor

In kleineren Gefäßen wirkt auch eine einzelne Art.

DAS ARRANGIEREN VON PFLANZEN IM GEFÄSS

Nicht nur die Töpfe können wir kreativ und attraktiv anordnen, auch bei der Pflanzung an sich sind im Gefäß einige Gestaltungsprinzipien zu beachten.

Die einzelnen Pflanzen müssen für den Standort geeignet sein, sollten aber auch miteinander harmonieren. Einfach ausprobieren, manchmal sind die verrücktesten Kombinationen die reizvollsten. Grundsätzlich gibt es zwei Möglichkeiten: Entweder man mischt verschiedene Pflanzen in einem größeren Kübel oder man verwendet eine Pflanzenart pro Gefäß – monochrome Verwendung. Da unser Ziel Vielfalt für uns und die Tierwelt ist, sind monochrome Pflanzungen nur für kleine Töpfe zu empfehlen, wo dann tatsächlich nur eine Pflanze Platz hat.

GEHÖLZE

Kleinsträucher oder Rosen sehen nicht nur während der Vegetationszeit attraktiv aus, sondern bringen auch im Winter Struktur auf den Balkon. Da Gehölze meist einen „nackten Fuß“ haben, kann man sie perfekt unterpflanzen. Würde man dies nicht tun, läge das Substrat im Normalfall offen. Man setzt Kleinsträucher in einen großen Topf und zwar mittig. Der Boden wird mit etwas niedriger bleibenden Stauden bepflanzt, damit der Strauch weiterhin in Szene bleibt.

Gut kombiniert: hängende und aufrechte Pflanzen

Hier sieht auch eine monochrome Unterpflanzung, beispielsweise aus Günsel oder Gräsern, schön aus.

STAUDEN

Bei der Kombination von Stauden sollten wir mit unterschiedlichen Höhen arbeiten, aber auch mit Blattstrukturen spielen. Eine höhenabgestufte Kombination sieht nach mehr aus. Damit entstehen automatisch Vielfalt und Strukturen, was wiederum für Insekten wichtig ist. Und dies nicht nur wegen der unterschiedlichen Blüten, sondern auch wegen ihrer verschiedenen Höhen. Nicht jedes Insekt fliegt weit oben wie ein Schmetterling. Käfer verkriechen sich beispielsweise gerne in die untere Krautschicht. Beim Gestalten mit einzelnen Stauden sollte man nicht nur die Größe betrachten, sondern auch Wuchsform und Blätter. So umschmeichelt eine rund bis bogig wachsende Staude (wie Frauenmantel) eine aufrechte Pflanze (wie Blutweiderich).

BALKONKASTEN

Ist es schon nicht ganz einfach, passende Pflanzen für einen nachhaltigen Balkonkasten zu finden, so liegt zusätzlich eine besondere Herausforderung in der Gestaltung. Der Grund dafür ist die langgetreckte Form des Gefäßes, die fehlende Breite und damit der eingeschränkte Wuchsraum. Die Pflanzen nebeneinander anordnen! Deshalb gilt es hier umso mehr mit einer Mischung aus höheren, mittelhohen und hängenden Stauden zu arbeiten.

WIE ENG MUSS GEPFLANZT WERDEN?

Man kann die Pflanzen wie im Staudenbeet entweder so weit voneinander entfernt setzen, wie ihre spätere Ausbreitungsgröße sein wird. Oder, und das mag wohl im Topfgarten der attraktivere Ansatz sein, eine dichtere Bepflanzung wählen. Damit sieht das Gefäß vom ersten Moment an attraktiv aus. Vermutlich bleibt es dann nicht aus, nach ein bis zwei Jahren die eine oder andere Staude wieder herauszunehmen.

HEISS & TROCKEN – PLATZ FÜR HUNGERKÜNSTLER

In Innenstädten haben wir es mit Temperaturextremen zu tun. Einer der Gründe ist das oftmals fehlende Grün, aber es liegt auch daran, dass die Gebäude Hitze speichern.

Nach Süden oder Westen ausgerichtete Balkone sind Extrembereiche. Hier speichert sich die Wärme. Oft sind diese einer Loggia gleich etwas in den Baukörper eingerückt – damit steht die Luft regelrecht. Aufgrund dieser heißen und sehr sonnigen Ausgangslage müssen wir mit Pflanzen arbeiten, welche genau diese Hitze aushalten. Da auf derartigen Balkonen kaum noch natürlicher Niederschlag fällt, sollten die Stauden zudem mit wenig Wasser auskommen.

DIE OPTIMALEN GEFÄSSE

Auf extremen Standorten wie einer Südterrasse passen Gefäße aus Ton, Terrakotta, Holz oder anderen Naturmaterialien am besten. Sie leiten die Hitze oder Kühle nicht so schnell weiter und bilden mit dem Substrat eine „Temperatur-Einheit". Außerdem harmonieren diese gut mit Kräutern und mediterranen Pflanzkombinationen. Wegen der extremen Hitze sollten die Gefäße nicht zu klein sein, auf Einzeltöpfe ist eher zu verzichten.

PFLANZEN FÜR HEISSE PLÄTZE

Neben vielen mediterranen Kräutern (siehe S. 84 f.) sind auch Pflanzen von Extremstandorten oder Ruderalflächen für sonnige, heiße Bereiche bestens geeignet. Sukkulenten mit verdicken Blättern und Wachsüberzug wie die Hauswurz (*Sempervivum arachnoideum* 'Silberkarneol') oder Pflanzen, welche einen natürlichen Verdunstungsschutz haben, sind perfekt. Dies erkennt man auch an bläulichen Blättern, oft zusätzlich leicht behaart, wie bei der Blauen Katzenminze (*Nepeta × faassenii*). Wichtig ist die Anpassung des Substrates auf die Pflanzenauswahl. Es sollte kiesig und durchlässig sein – und sogar steinig, um die Wärme für die Nacht zu speichern. Was andere Stauden vielleicht gerade noch ertragen, brauchen diese Hungerkünstler zum Überleben: Trockenheit und Wärme.

BIENENFREUNDLICHER KÜBEL

Viele ausgesprochen attraktive Stauden, welche einen heißen und eher trockenen Standort vertragen, sind zugleich beste Bienen-

Bienenfreundlicher Kübel für trockene Bereiche

Wildbienen lieben heimische Stauden wie die Graslilie.

Die Hauswurz ist ein Bienenfreund und mag Extremes.

Futterpflanzen. Eine edle Kombination bildet die höherwüchsige Blaue Katzenminze 'Six Hills Giant'. Sie ist der Mittelpunkt. Daneben wächst die kompakte Steppen-Salbei-Sorte 'Blauhügel'. Beide blühen im September gut nach, wenn man sie nach der Blüte zurückschneidet. Ein aparter Farbkontrast ist Gold-Tripmadam 'Angelina' im Vordergrund, welche eine leicht überhängende Form hat. Ihre reiche Blüte im Hochsommer und die orangegelbe Laubfärbung machen sie zu einem Hingucker.

Einkaufsliste

BIENENFREUNDLICHER KÜBEL

- ☐ 1 × Blaue Katzenminze, *Nepeta × faassenii* 'Six Hills Giant'
- ☐ 2 × Steppen-Salbei, *Salvia nemorosa* 'Blauhügel'
- ☐ 1 × Gold-Tripmadam, *Sedum reflexum* 'Angelina'

In diesem kleinen Balkonkasten kann es gar nicht heiß genug sein: Alle Wildstauden vertragen Hitze.

KLEINER BALKONKASTEN

Viele hitzeverträgliche Pflanzen wachsen am Naturstandort aus Ritzen oder auf Geröllhalden. Sie sind also extreme und begrenzte Räume gewohnt. Diese Arten sind geradezu ideal für eine naturnahe Balkonkasten-Bepflanzung. Der Polster-Ehrenpreis wächst polsterartig, niedrig. Er ist damit prädestiniert für die Seiten im Kasten, wo er die Ränder bedeckt und leicht herabhängt. Seine zarten, blauen Blüten erscheinen ab Ende Mai. Anders als viele seiner Artgenossen ist dieser Ehrenpreis auf durchlässigen Boden und einen sonnigen Standort angewiesen. Mit der Rundblättrigen Glockenblume liegt man bei Sonne und Hitze immer richtig. Sie wächst in der Natur auf steinigen Magerwiesen und ist ein absoluter Dauerblüher. Hinzu kommt noch ihr hoher, ökologischer Wert für Wildbienen, die ihren Pollen lieben und bei schlechtem Wetter in ihren Blüten Unterschlupf finden. Den erhöhten Mittelpunkt des Kastens bildet die heimische Goldhaar-Aster (siehe Abbildung auf S. 38). Diese wird erst später im Jahr, ab August bis weit in den Oktober hinein ihre gelben Blüten zeigen. Um den „Fuß" der Aster etwas zu kaschieren, wächst hier die zierliche Kleine Schleifenblume 'Zwergschneeflocke'. Dieser hübsche Frühlingsblüher hat wintergrünes, dichtes Laub und blüht zuverlässig ab April in Weiß. Als Frühlingsaspekt passt hier die Netzblatt-Schwertlilie dazu, welche sich nach der Blüte zurückzieht.

Einkaufsliste

KLEINER BALKONKASTEN

- ☐ 2 × Polster-Ehrenpreis, *Veronica armena*
- ☐ 1 × Rundblättrige Glockenblume, *Campanula rotundifolia*
- ☐ 1 × Goldhaar-Aster, *Aster linosyris*
- ☐ 1 × Kleine Schleifenblume, *Iberis sempervirens* 'Zwergschneeflocke'
- ☐ 10–12 × Zwiebeln: Netzblatt-Schwertlilie, *Iridodictyum reticulata*

KÜBEL FÜR SONNIGE, NICHT ZU HEISSE TERRASSEN

In Wohngebieten mit Gärten und Grünflächen ist das Klima insgesamt weniger aufgeheizt. Bäume sorgen durch ihre Transpiration für frische Luft und Kühle. Das spüren wir auch auf Balkonen und Terrassen.

Eine südlich ausgerichtete Terrasse ist sonnig, aber allein durch eine leichte Windbewegung nicht ganz so heiß. Förderlich kann auch sein, wenn die Sonne von morgens bis in den späten Nachmittag auf die Fläche strahlt und die Abendsonne wieder fehlt. Ist der Bereich nicht überdacht, kommen Niederschläge an, was angenehm ist. Sonst müsste man gießen.
Dies ist die Terrassen-Situation mit den größten Gestaltungsvarianten in Bezug auf das Material der Töpfe: von kleinen Einzeltöpfen bis hin zu großen Kübeln.

STAUDEN FÜR SONNENPLÄTZE

In derartigen Bereichen können wir mit Bepflanzungen arbeiten, welche fast schon einen bunten Beetstauden-Charakter haben. Als Substrat eignet sich eine Mischung aus 50 % Dachbegrünungssubstrat und 50 % Kompost – es ist damit etwas nährstoffreicher. Beetstauden haben einen höheren Feuchtigkeitsbedarf, das sieht man schon an ihren Blättern: Sie weisen keinen expliziten Verdunstungsschutz auf. Man muss sie beobachten und individuell entscheiden, wann sie zu gießen sind. Diese Stauden kommen vom Naturstandort eher auf nährstoffreicheren Böden vor, wie die kurzlebige Wilde Möhre. Auch Pflanzen, die gerne in Natursteinmauern oder als Polsterpflanzen verwendet werden, sind eine schöne hängende Ergänzung. Auf sonnigen, aber nicht zu heißen Terrassen funktionieren auch wärmeliebende Kleingehölze wie die im Sommer blühende Bartblume *Caryopteris clandonensis* 'Heavenly Blue' und Rosen sehr gut.

MOBILE WEINKISTE

Weinkisten, welche aus Hartholz gefertigt werden, sind perfekte Pflanzkästen: Man kann sie tragen, sie sind nicht schwer und vor allem haben sie ein gutes Volumen. Wichtig ist, dass man sie mit einem wasserdurchlässigen Vlies oder Kokosgewebe auskleidet. Wegen Staunässe sollte keine Folie verwendet werden. Die folgende Pflanzkombination benötigt etwas nährstoffreicheren Boden. Das essbare Gerüst bildet der mittig platzierte Schnittlauch. Dieser wird seitlich umrahmt durch den Sonnen-Allrounder – die Katzenminze. Beide Arten sind zuverlässig und unkompliziert. Dazu passt das etwas nostalgisch anmutende Horn-Veilchen. Anders als das oftmals im Frühling angebotene Stiefmütterchen ist dies eine echte Staude, also ausdauernd. Die Sorte 'Etain' ist gelb und großblumig, es gibt aber auch kleinblütigere und einfarbige Sorten. Eine schöne Frühlingsergänzung sind kleinbleibende Wild-Narzissen.

01

02

03

Einkaufsliste

MOBILE WEINKISTE

- ☐ 3 × Horn-Veilchen, *Viola cornuta,* z. B. 'Etain'
- ☐ 1 × Schnittlauch, *Allium schoenoprasum*
- ☐ 2 × Blaue Katzenminze, *Nepeta × faassenii*
- ☐ 12 × Zwiebeln: Tenby-Narzisse, *Narcissus pseudonarcissus* ssp. *obvallaris*

ÜPPIGER TERRAKOTTA-TOPF

Flachere Töpfe eigenen sich gut für Polsterstauden. Diese üppig blühende Kombination sollte im Spätfrühling in Szene gesetzt werden. Stellen Sie sie an einen Platz, an dem man sie gut sieht. Denn jetzt haben Berg-Sandkraut, Teppich-Flammenblume und die unermüdlich lila blühende Schleifenblume ihren Blühhöhepunkt. Für das zeitige Frühjahr kann man standortgerechte Wild-Krokusse *(Crocus chrysanthus)* ergänzen.

Einkaufsliste

ÜPPIGER TERRAKOTTA-TOPF

- ☐ 1 × Berg-Sandkraut, *Arenaria montana*
- ☐ 1 × Teppich-Flammenblume, *Phlox subulata,* z. B. 'Emerald Cushion Blue'
- ☐ 1 × Schleifenblume, *Iberis* 'Absolute Amethyst'
- ☐ 10 × Zwiebeln: Krokus, *Crocus chrysanthus,* z. B. 'Cream Beauty'

01 Mobile Weinkiste: Die Pflanzenauswahl ist ganz besonders auf Wildbienen abgestimmt.

02 Vom Frühling bis in den Frühsommer ist dies ein wahrer Hingucker aus robusten Polsterstauden.

03 Der Insektenmagnet Bartblume lässt sich gut mit kleinen, ungefüllt blühenden Beetrosen kombinieren.

Storchschnabel 'Rozanne' eignet sich für halbschattige Ecken.

Genügend Wasser und gutes Substrat benötigt die Hängepolster-Glockenblume 'Schneeranke'.

BLUMENAMPELN – IDEAL FÜR HÄNGENDE PFLANZEN

Je beengter es zugeht, desto kreativer müssen wir mit dem Platz umgehen, jede (D)ecke oder Wand kann genutzt werden. Die Lösung: Pflanzen in der Luft „schweben" lassen mit Blumenampeln.

Mit hängenden Blumentöpfen werden leere Mauern bunt, dunkle Ecken mit der richtigen Bepflanzung hell. Es gibt sogar auch einiges zu ernten; und das alles auf Augenhöhe. Deshalb verwendet man hier über- und herabhängende Pflanzen. Lediglich mittig kann eine höhere Staude gesetzt werden. Blumenampeln gibt es aus verschiedensten Materialien wie Ton, Metall, Korbgeflecht, Keramik oder Kunststoff, jeweils mit einer entsprechenden Aufhängung. In den Hängeampeln stehen separate Töpfe mit Untersetzer, deren Bepflanzung und Substrat nicht anders erfolgt wie in normalen Balkongefäßen. Weder Gefäße noch das Substrat dürfen zu schwer sein. Und da Ampeln noch stärker als normale Pflanzkübel Licht und Wind ausgesetzt sind, trocknen diese schneller aus. Dies bedeutet, dass sie zum häufigeren Gießen gut erreichbar sein sollten. Bei der Pflanzenauswahl müssen wir stark auf die Feuchtigkeitsbedürfnisse achten.

HANGING BASKETS

Offene Blumenampeln sind große, wasserdurchlässige Gitterkörbe aus Metall oder

Feuerbohnen sind ideal für Ampeln: Das Gemüse sieht schön aus und schmeckt.

Für sonnige Situationen eignet sich dieser hängende Kräuterkorb mit Horn-Veilchen.

Kunststoff. Die Körbe werden nicht nur von oben bepflanzt, sondern ringsum und bei Bedarf sogar von unten. So wachsen die verschiedenen Pflanzen mit der Zeit zu einer grünen Kugel zusammen. Zunächst wird der Korb mit einem Naturmaterial wie einer Kokosmatte ausgekleidet. Damit das Gießwasser nicht sofort aus der Ampel fließt, wird der Boden mit einer wasserundurchlässigen Folie ausgekleidet, die zuvor mit einem Nagel etwas durchstochen wurde. Sie hält damit so viel Gießwasser zurück, dass die Pflanzerde sich vollsaugen und Wasser speichern kann.

HÄNGEPFLANZEN FÜR HUMMELN & CO.

Es ist nicht ganz einfach und die Auswahl auch nicht besonders üppig, aber es gibt sie: insektenfreundliche Stauden für „wilde“ Ampeln. Für eine langfristige Bepflanzung ist es besonders wichtig, den Standort im Blick zu haben. Vor allem an sonnigen Ecken sollten wir auf heimische Bienenmagnete setzen. Dazu zählen Thymian oder Sonnenröschen.

HÄNGENDES SCHLARAFFENLAND

Einen hängenden Naschgarten kann man einfach mit Stangenbohnen erreichen. Hierzu in eine Ampel Bohnensamen stecken und abwarten. Diese keimen recht schnell. Wichtig ist ein nährstoffreiches Substrat, gut mit Kompost durchmischt. Die Ampel benötigt einen sonnigen Platz und darf nicht austrocknen. Gut geeignet sind auch klein bleibende Strauchtomaten und Paprika, für größere Ampeln Zucchini oder Feuerbohnen, die alle von Insekten bestäubt werden.

INSEKTENFREUNDLICHE HÄNGEPFLANZEN FÜR DIE SONNE

- **Weiß:** Polster-Schleierkraut *(Gypsophila repens)*
- **Gelborange:** Wundklee *(Anthyllis vulneraria)*, Sonnenröschen *(Helianthemum)*
- **Zartrosa:** Steinbrech-Felsennelke *(Petrorhagia saxifraga)*
- **Rosa:** Polster-Seifenkraut *(Saponaria ocymoides)*, Heide-Nelke *(Dianthus deltoides)*, Kaskaden-Thymian (*Thymus longicaulis* ssp. *odoratus)*
- **Violett:** Alpen-Steinquendel *(Acinos alpinus)*
- **Lilablau:** Kriechender Günsel *(Ajuga reptans)*

WILDE KÜBEL FÜR DEN SCHATTEN

An heißen Sommertagen genießen wir schattige Terrassen. Oft wird unterschätzt, dass in solchen Bereichen eine Fülle schöner Topf-Arrangements gut funktioniert.

Kühle Plätze in Städten können schattige Hinterhöfe sein oder nach Norden ausgerichtete Balkone, wo nur etwas Besonnung ist und wenig Niederschlag ankommt. Es gibt aber auch Bereiche, die nie ein Sonnenstrahl erreicht, etwa neben hohen Mauern oder überstehenden Dachvorsprüngen. Hier fehlt auch gänzlich der Regen. Damit entstehen schwierige Voraussetzungen für das Pflanzenwachstum: tiefer, trockener Schatten ohne viel Licht. Von Halbschatten spricht man, wenn vor allem die Morgensonne vorhanden ist.

PFLANZEN FÜR (HALB)SCHATTEN

Hier sollten wir uns an der Vegetation von Waldgesellschaften orientieren. Diese Pflanzen benötigen Schatten. Häufig findet man hier attraktive Strukturpflanzen und Blattschmuckstauden wie Farne. Bei den meisten Blütenpflanzen für den Schatten liegt der Blühschwerpunkt im Frühling und Frühsommer. Alle Schattenfreunde benötigen einen humosen Boden mit hohem organischem Anteil, was durch Zugabe von Kompost gut erreicht wird. Zudem ist ihr Wasserbedarf höher: Wenn es nicht regnet, muss kontrolliert werden, ob die Pflanzen Wasser benötigen. Im trockenen Schatten bleibt Gießen nicht aus.

VIEL GRÜN FÜR TIEFEN SCHATTEN

Grün als Farbe wirkt sehr beruhigend. Und da wir in der Schattenvegetation viele hübsche Stauden mit unterschiedlichsten Blattformen finden, bieten sich solche Kombinationen besonders an. Um jede Blattschmuckstaude für sich zur Wirkung kommen zu lassen, ist es sinnvoll, sie einzeln in Töpfe zu setzen. Zudem zählen sie eher zu den Starkzehrern – in Einzeltöpfen kann man sie gezielt mit Hornmehl düngen. Der heimische Straußenfarn (Foto S. 44) mit seinen Blattwedeln hat einen hohen ästheti-

Einkaufsliste

TIEFER SCHATTEN

- ☐ 1 × Straußenfarn, *Matteuccia struthiopteris*
- ☐ 1 × Hyazinthen-Funkie, *Hosta*-Hybride 'Hyacinthina'
- ☐ 1 × Frauenmantel, *Alchemilla mollis*

Natürlich bunte Balkonkästen für's Frühjahr: Hier verströmen Hyazinthen ihren starken Duft, zudem dürfen sich Hummeln an Akeleien und Bienen an der Schleifenblume laben.

schen Reiz. Im Garten würde er starke Ausläufer bilden, im Topf wird er in Zaum gehalten. Wird der Platz zu eng, sollte der Farn geteilt werden. Funkien eignen sich in doppelter Weise als Topfbepflanzung: Zum einen wirken ihre Blätter kontrastierend zum Gefäß und zum anderen werden Schnecken ferngehalten. Eine blühende Ergänzung ist der Frauenmantel. Seine Blätter haben eine Art Lotuseffekt: Kleine Tautröpfchen bilden sich auf den Blattoberseiten junger Blätter. Alte einfach abschneiden und bald schieben wieder neue nach.

FÜR DUNKLE ECKEN

Man sollte generell bedenken, dass schattige Bereiche nicht so schnell abtrocknen und sich damit im Laufe der Zeit auf Tontöpfen, Natursteinbottichen, Betontrögen, aber auch Terrassen-Belägen eine grünliche Patina bildet. Dies hat seinen ganz besonderen Charme. Bei Metall ist eine Bemoosung dagegen kaum festzustellen. Auf Holz oder Weidenkörbe sollte man eher verzichten: Diese verrotten im Schatten zu schnell.

NATÜRLICH BUNTE KÄSTEN

In diesen Balkonkästen für den Halbschatten wurden insektenfreundliche Frühjahrsstauden kombiniert. Die Akeleien bilden den Hintergrund, davor sind teils leicht über den Gefäßrand hängende Pflanzen wie die Schleifenblume, Primeln, Traubenhyazinthen und Hyazinthen gesetzt.

DUFTENDE BIENENWEIDE

Die nebenstehende Zinkwanne im Halbschatten wurde bewusst von Anfang an eng bepflanzt, mit dem Wissen in ein oder zwei Jahren nachzujustieren. Den gestalterischen

Einkaufsliste

NATÜRLICH BUNTER KASTEN

- ☐ 4 × Akelei, *Aquilegia caerulea* Spring Magic® 'Navy and White'
- ☐ 1 × Gefüllte Rosen-Primel, *Primula vuglaris* BELARINA 'Pink Champagne'
- ☐ 3 × Schleifenblume, *Iberis sempervirens* 'Candy Ice'
- ☐ 12 × Traubenhyazinthe, *Muscari aucheri* 'Blue Magic'
- ☐ 5 × Hyazinthe, *Hyacinthus orientalis* 'Pink Pearl' und 'Blue Star'
- ☐ 1 × Weißbunter Efeu, *Hedera helix* 'Glacier'

Duftende und bienenfreundliche Kombination

insektenfreundlichen Mittelpunkt bildet die heimische Pfirsichblättrige Glockenblume. Die gedrängte Pflanzweise kommt ihr zu Gute, da sie manchmal nicht so standstark ist. Hier kann sie sich anlehnen. Den blühenden Rahmen bilden Zwerg-Akelei und Horn-Veilchen. Da diese drei Pflanzen ein nicht allzu attraktives Laub besitzen, wird dieser Part vom stark duftenden Maiglöckchen übernommen. Der Schaf-Schwingel verträgt Konkurrenz, aber ein wenig Sonne braucht er auch.

Punktierte Glockenblumen (Campanula punctata) vertragen Schatten. Im Topf haben Schnecken weniger Chancen als im Beet.

Einkaufsliste

DUFTENDE BIENENWEIDE

- ☐ 2 × Pfirsichblättrige Glockenblume, *Campanula persicifolia*
- ☐ 1 × Zwerg-Akelei, *Aquilegia caerulea* 'Spring Magic'
- ☐ 2 × Horn-Veilchen, *Viola cornuta*, z. B. die Sorte 'Etain'
- ☐ 5 × Maiglöckchen, *Convallaria majalis*
- ☐ 1 × Schaf-Schwingel, *Festuca ovina*

WINDIGE ECKEN

Zugige Bereiche auf einer Terrasse befinden sich meist an einer Hausecke. Dort ist es zwar oft sonnig, aber eben alles andere als windstill. Ähnliches erleben wir auf Balkonen oder Dachgärten.

Je höher, desto windiger. Exponierte Lagen sind schon für uns zum Verweilen nicht angenehm, Pflanzen setzen sie richtig zu. Denn zusätzlich zur Sonneneinstrahlung trocknet der Wind Blätter und Erde aus. Deshalb sollte man am besten von vornherein ein Substrat mit Blähtonanteil verwenden, das Wasser speichert und an die vorgesehene Pflanzung angepasst wird. Die Drainageschicht wird in diesem Fall mit Kies ausgeführt, denn dieser sorgt zugleich für mehr Gewicht. Wenn das alles nichts hilft: Einfach den Topf oben zusätzlich mit dekorativen Steinen beschweren.

STANDFESTE GEFÄSSE

Je höher ein Kübel sein soll und je aufragender zusätzlich die Pflanzung ist, desto stabiler muss dieser stehen. Deshalb kommen hier eher größere und schwere Gefäße zum Einsatz. Bei niedriger Polsterpflanzung kann am besten eine Schale verwendet werden. Achtung: Bei Verwirbelungen auf einem Balkon können selbst kleinere Töpfe umkippen.

PASSENDE PFLANZEN

Neben der standortgerechten Verwendung sonnenliebender Pflanzen sind weitere Punkte zu beachten. Großblättrige Stauden sehen in Kübeln attraktiv aus, doch über die Blätter trocknen sie schneller aus und können von Böen regelrecht zerfetzt werden. Deshalb sind hier kleinblättrige Pflanzen gefragt. Aber auch der Wuchs einer Pflanze ist entscheidend. Nachvollziehbar ist, dass kleinere Polsterstauden kein Problem mit Wind

Die kleinblättrige Teppich-Myrten-Aster ist ein unermüdlicher Spätsommerblüher und willkommener Bienenmagnet.

Ziest sieht schön aus, widersteht Sturm und Wildbienen lieben ihn.

Phlox und Bartfaden wachsen hier bunt und üppig als Eyecatcher im Zinkkübel.

haben. Ein schönes Beispiel ist hierfür die Teppich-Myrten-Aster (*Aster ericoides* 'Snowflurry') mit ihren fächerförmig ausgebreiteten Trieben. Über sie saust der Wind einfach hinweg.

Aber man möchte ja auch Struktur, also höhere Pflanzen, auf seine Terrasse stellen. Dies können licht wachsende Gehölze wie ein Japanischer Fächer-Ahorn (*Acer palmatum*, Foto S. 48) sein, aber auch standstarke Stauden wie der Zottige Ziest (*Stachys monieri* 'Hummelo'). Bestens geeignet sind Gräser – niedrige, aber vor allem hohe. Die runden, hohlen Stiele sind biegsam und brechen nicht. Perfekt im Wind!

Einkaufsliste

BUNTER EYECATCHER IM ZINKKÜBEL

- ☐ 1 × Bronze-Bartfaden, *Penstemon digitalis* 'Husker's Red'
- ☐ Je 1 × Sommer-Phlox, *Phlox paniculata* 'Bright Eyes' und 'Laura'
- ☐ 1 × Silberährengras, *Stipa calamagrostis* 'Allgäu'

BUNTER EYECATCHER IM ZINKKÜBEL

Solch ein Zinkkübel (Foto oben) ist perfekt geeignet für einen windigen Standort. Die Stauden benötigen einen etwas nährstoffreichen Boden, und ein Gefäß mit einem guten Wasserabzug. Sie sind extrem standstark und sorgen im Hochsommer für ein ausgesprochen auffälliges Farbenspiel.

Allerdings gibt es einen Wermutstropfen: Sowohl Bartfaden als auch der Hohe Sommer-Phlox sind so verdrängend, dass sie neben sich nichts weiter zulassen. Eine Hinzupflanzung von anderen, früher blühenden

Gräser in schweren, standsicheren Gefäßen sind für einen zugigen Balkon ideal.

Die bezaubernd blühende Herbst-Fetthenne ist standstark – gut für Balkon und Biene.

Stauden ist daher nicht möglich. Somit bleibt es bei einer Sommerblüte, die dafür aber umso kräftiger ausfällt.
Achtung: Bartfaden kann in manchen rauen Lagen nicht winterhart sein. Es gibt aber eine robuste Sorte mit schönen roten Blättern: Bronze-Bartfaden, *Penstemon digitalis* 'Husker's Red'.

BALKONIEN MIT GRÄSERN

Die Auswahl an Gräsern ist groß. Wer es architektonisch und reduziert mag, wird hier fündig. Besonders im Zusammenspiel mit Wind entfalten Gräser ihren besonderen Reiz: Das feine Engelhaar-Gras wiegt sich schon bei dem kleinsten Hauch. Das hat einen ähnlichen Effekt wie in einem Kornfeld. Leider ist es nicht sehr langlebig. Rutenhirse als mittelhohes Gras gibt es in unterschiedlichsten Sorten; fast alle haben eine bezaubernde Herbstfärbung. Um das Ganze komplett zu machen, ergänzt man den Balkon noch mit hohem China-Schilf. Hier sollte man eher kleinere bis mittelgroße Sorten verwenden. Was allerdings bei allen Gräsern wichtig ist: eine sehr gute Drainage. Denn nicht der Frost setzt Gräsern zu, sondern die Winternässe. Gräser können somit regelrecht verfaulen. Je durchlässiger das Substrat, desto besser.

Einkaufsliste

BALKONIEN MIT GRÄSERN

- ☐ 2 × Engelhaar Gras, *Stipa tenuissima*
- ☐ 3 × Rutenhirse, *Panicum virgatum*, z. B. 'Hänse Herms', 'Rehbraun', 'Stricta'
- ☐ 2 × China-Schilf, *Miscanthus sinensis*, z. B. 'Morning Light', 'Little Zebra'

Hopfen als robuste Sichtschutz-Lösung. Im Frühjahr oder Herbst muss er zurückgeschnitten werden.

SICHTSCHUTZ DANK HOHER PFLANZEN

Sichtschutz ist oft nötig, um Privatsphäre zu schaffen. Das kann sowohl in sonnigen als auch eher schattigen Bereichen sein. Insofern gibt es in diesem Fall nicht den typischen Standort.

Wir müssen mit der Auswahl der Pflanzen und dem Substrat auf die unterschiedlichen Ausgangslagen reagieren.

GROSSE GEFÄSSE FÜR GROSSE PFLANZEN

Arbeitet man mit Einzelpflanzen, sollten Bottiche ab 20 Liter Volumen aufgestellt werden. Nicht nur, damit die hungrigen Gewächse genügend Nahrung und Wasser bekommen, solche Gefäße sind auch standfest und können nicht so leicht umkippen. Kletterpflanzen benötigen noch mehr Substratvolumen: Je größer und tiefer das Gefäß ist, desto besser. Große Pflanzkästen dienen zudem als Raumteiler. Als Material eignet sich Holz, Metall oder Leichtbeton.

BLICKDICHTE PFLANZEN

Um mit Vegetation einen grünen, abgeschlossenen Raum zu erreichen, kann man entweder mit höheren Stauden, Gehölzen oder Kletterpflanzen arbeiten. Letztere benötigen auf alle Fälle eine Kletterhilfe, welche gut befestigt sein muss. Bei der Auswahl von Kletterpflanzen bieten sich Arten an, die sich selbst festhalten, indem sie entweder ranken wie Klematis oder winden wie Hopfen. Damit entfällt lästiges Festbinden. Bei Spreizklimmern wie Kletterrosen oder Brombeeren muss man etwas nachhelfen. Alternativ schützen auch hohe Stauden vor Blicken. Diese müssen auf alle Fälle eine stattliche Gestalt haben und dürfen nicht leicht umknicken. Standschwache Stauden muss man festbinden, und das sieht in einem Kübel meist unschön aus. Immer wieder passend sind hohe Gräser wie das China-Schilf (*Miscanthus sinensis* 'Adagio'). Diese Sorte eignet sich ganz besonders, da sie einen kompakten Wuchs hat. Dazu kommen noch das schmale Laub und die zuverlässige Blühwilligkeit. China-Schilf benötigt einen sonnigen bis leicht absonnigen Standort und einen guten Wasserabzug. Wer es lieber blütenreich haben möchte und den Insekten etwas Gutes tun will, der versuche es mit dem Schmetterlingsmagnet Wasserdost (*Eupatorium cannabinum*). Wie der Name schon verrät, benötigt diese imposante Staude einen feuchten Standort. Insofern ist eine alte Zinkwanne als Gefäß perfekt, der Standort ist am besten halbschattig. Für eine sonnige Situation passt der Echte Eibisch (*Althaea officinalis*). Die malvenähnliche Wildpflanze gehört zu den Heilkräutern. Diese Staude ist zwar anpassungsfähig, austrocknen darf sie jedoch nie. All diese über-

Einkaufsliste

HOPFEN IM KASTEN

- ☐ 2–3 × Hopfen, *Humulus lupulus*
- ☐ 3 × Storchschnabel, *Geranium wallichianum* 'Rozanne'

China-Schilf bietet im Sommer guten Sichtschutz.

Wasserdost-Blüten ziehen Insekten magisch an.

Rambler-Rosen sind ein guter Sichtschutz und lassen sich leicht an einem Rankgerüst befestigen. Eine Staudenunterpflanzung kaschiert den Fuß der Rosen.

aus großen Kübelpflanzen müssen unbedingt im Frühling und Frühsommer mit Hornmehl oder -späne gedüngt werden.

BEIM HOPFEN GEHT'S HOCH HER

Hopfen *(Humulus lupulus)* ist eine sehr schnell wachsende Staude. Im Sommer sorgt er für eine dichte Begrünung, im Herbst bekommt er eine schöne Herbstfärbung und attraktive Blütenstände. Dann beginnt er sich zurückzuziehen und man muss ihn spätestens im zeitigen Frühjahr komplett zurückschneiden. Hopfen windet sich an senkrechten Verspannungen hinauf. Am besten verwendet man organische Seile, welche man dann komplett mit der Pflanze entsorgen kann. Die zarten Frühlingstriebe sind übrigens als sogenannter Hopfenspargel essbar. Solange wir Hopfen ausreichend Nahrung, also Dünger, zuführen, ist er genügsam und ihm reichen schon recht kleine Gefäße für ein gesundes Wachstum aus. Als farbliche Unterpflanzung in Kombination zu dem frischen Hopfengrün eignet sich der Storchschnabel 'Rozanne' (Foto S. 52).

BLÜHENDER ROSEN-SICHTSCHUTZ

Mit Kletterrosen einen Sichtschutz zu gestalten ist für eine sonnige, aber nicht zu heiße Terrasse ideal: üppige Blütenfülle in der Vertikalen. Eine stabil befestigte Baustahlmatte eignet sich für die Begrünung bestens und ist zudem günstig. Wichtig ist die Auswahl der richtigen Rosensorte. Diese sollte robust sein, biegsame Äste haben, nicht zu groß werden und über eine gute Blattgesundheit verfügen. Die Gruppe der Rambler-Rosen ist dafür besonders zu empfehlen. Die Sorte 'Frau Eva Schubert' blüht mit ihren dicht gefüllten rosa Blüten, welche leicht duften, bis in den Herbst. Sie ist remontierend. Wer allerdings zusätzlich Hummeln ein Nahrungsangebot liefern möchte, dem sei die Sorte 'Gerbe Rose' mit ihren halbgefüllten, ebenfalls rosa Blüten ans Herz gelegt. Sie blüht zwar weniger lange, dafür ist sie ausgespro-

Blühender Raumteiler: hochwüchsige, einjährige Bienenpflanzen

Echter Eibisch will sonnig und solitär stehen.

chen robust und stark duftend. Da Rosen eine Pfahlwurzel haben, ist es einfach, den „nackten Fuß" mit Stauden zu ergänzen: Das sieht schön aus und bringt noch mehr Vielfalt. Der Dauerblüher Prachtkerze ist anspruchslos und ein guter Bienenmagnet. Eine Alternative zu Storchschnabel ist der Große Reiherschnabel. Beide Stauden reagieren auf Staunässe empfindlich. Eine Ergänzung sind frühlingsblühende Dichter-Narzissen.

BUNTE BLÜTENFÜLLE FÜR BIENEN

Eine schnelle und vor allem sehr günstige Möglichkeit eines lockeren Sichtschutzes ist eine höherwüchsige, einjährige Ansaat. Das mag sich vor allem lohnen, wenn man sich noch nicht ganz schlüssig ist, wie und was man langfristig pflanzen möchte. So wird den ganzen Sommer etwas blühen, und Bienen, Hummeln und Schmetterlinge können Nektar und Pollen ernten. Entweder man kauft eine fertige Saatgut-Mischung oder man stellt sich selbst etwas zusammen.

Einkaufsliste

SICHTSCHUTZ AUS ROSEN

- ☐ 1 × Rambler-Rose 'Gerbe Rose'
- ☐ 2 × Prachtkerze, *Gaura lindheimeri*
- ☐ 3 × Großer Reiherschnabel, *Erodium × hybridum*
- ☐ 20 × Zwiebeln: Dichter-Narzisse, *Narcissus poeticus*

Einkaufsliste

BLÜTENFÜLLE FÜR BIENEN

- ☐ Borretsch, *Borago officinalis*
- ☐ Riesen-Sonnenblume, *Helianthus annuus*
- ☐ Kapuzinerkresse, *Tropaeolum majus*
- ☐ Kornblume, *Centaurea cyanus*
- ☐ Garten-Feldrittersporn, *Consolida ajacis*
- ☐ Bechermalve, *Lavatera trimestris*
- ☐ Gelbe Wucherblume, *Glebionis segetum*

VERTICAL GARDENING

Jeder Balkon, jede Terrasse hat sie: Wandflächen. Warum sollte man sie ungenutzt lassen? Mit Kletterpflanzen schaffen wir mehr Vielfalt und Blühangebote. Bei manchen gibt es sogar noch etwas zu naschen.

BESCHATTUNG UND SICHTSCHUTZ

Besonders im Sommer kommt immer wieder das Thema „Schatten für den Balkon“ auf. Neben einem Sonnenschirm gibt es die Möglichkeit, mit einem filigranen, gut verspannten und üppig begrünten Stahlseilnetz etwas Kühle zu schaffen. Und so eine Konstruktion bietet auch Sichtschutz. Übrigens: Weidenflechtzäune oder Schilfmatten sind nicht nur ein hervorragender Sicht- und Windschutz, sondern dienen zugleich als Rankgerüst für Kletterpflanzen. Schilfmatten haben noch den positiven Zusatzeffekt, dass Insekten wie die Papierwespe Fasern von der Oberfläche der Stängel abnagen können, welche sie für ihren Nestbau benötigen. Horizontal bietet ein „grünes Dach“ gleich einer Pergola eine atmosphärische Beschattung.

BERANKUNG – EINE FRAGE DES ORTES

Die einfachste Lösung ist, in einem großen Topf eine Rankhilfe aus Bambus- oder Metallstangen zu bauen. Stellt man mehrere solche Kübel nebeneinander und verspannt die Stäbe miteinander, entstehen interessante Raumteiler. An Wänden mit stabilem Rankgerüst können viele mehrjährige Pflanzen gezogen werden. Allerdings muss man sicherstellen, dass die Verankerung auch gut hält. Falls man zur Miete wohnt, ist solch ein Schritt unbedingt mit dem Vermieter abzusprechen. Dasselbe gilt, wenn selbstklimmende Kletterpflanzen wie Efeu verwendet werden. Ihre Haftwurzeln saugen sich – ohne Hilfe – am Hausputz fest und sind im Nachhinein schwer wieder zu entfernen. Das sollte wohlüberlegt sein.

KLETTERGEWÄCHSE – ABER DIE RICHTIGEN

Im Normalfall haben Kletterpflanzen tiefreichende Pfahlwurzeln, mit denen sie sich fest im Boden verankern. Das wird im Topfgarten zum Problem. Insofern: je größer und tiefer der Topf ist, desto besser. Zudem bevorzugen viele dieser Pflanzen natürlicherweise eher etwas feuchtere Standorte. Sie wollen einen „schattigen Fuß“, was bedeutet, dass sie eine Unterpflanzung benötigen.
Die oft in kurzer Zeit schnell und kräftig wachsenden Kletterpflanzen benötigen eine gute Nährstoffversorgung: Eine Hand voll Hornspäne zwei bis dreimal im Jahr als Düngerbeigabe ist hilfreich.

Blechdosen werden zur essbaren Wandbegrünung.

Stangenbohnen klettern dankbar und schmecken gut.

VERTIKALER GEMÜSEGARTEN

Es gibt auch einige hervorragende kletternde Gemüsepflanzen. Klar, diese sind nur einjährig. Aber dafür wachsen sie schnell und unkompliziert. Zudem sind sie ausgesprochene Insektenmagnete und bieten im Sommer etwas zum Ernten. Was will man mehr? Wichtig ist, dass sie zum Start ihres Wachstums eine gute Nährstoffversorgung erhalten. Hier gilt: Keinen zu kleinen Trog wählen, Drainage nicht vergessen und frische, reine Komposterde als Substrat verwenden – und rein mit den Pflänzchen. Regelmäßig gießen! Eine gut funktionierende und ungewöhnliche Variante ist es, direkt in einen Komposterde-Sack zu pflanzen. Einfach einen Schlitz reinschneiden – nicht zu groß wegen der Verdunstung – und das Gemüse einsetzen.

KLETTERPFLANZEN FÜR SONNE BIS HALBSCHATTEN

Bitte Rankhilfe anbieten!

- Italienische Waldrebe *(Clematis viticellla)*: bis zu 2,5 m, blüht weiß bis dunkellila
- Hopfen *(Humulus lupulus)*: 2 bis 3 m, blüht hellgrün
- Winter-Jasmin *(Jasminum nudiflorum)*: 1,5 bis 2,5 m, blüht gelb
- Platterbse (*Lathyrus latifolius* 'Rosa Perle'): 1 bis 2 m, blüht pink
- Wald-Geißblatt *(Lonicera periclymenum)*: bis zu 3 m, blüht cremegelb, duftend
- Rambler-Rose in Sorten (*Rosa Multiflora*-Hybriden): bis zu 3 m, blühen weiß bis rosa

Der Standort sollte sonnig bis maximal halbschattig sein. Geeignete Nutzpflanzen für die Vertikale sind Erdbeeren, Kürbis, Kalebassenkürbis, Melone, Stangenbohne (z. B. 'Blauhilde'), Feuerbohne, Tomate und Zucchini.

BUNTE VIELFALT – NICHT NUR FÜR DIE HONIGBIENE

Der ideale Honigbienen-Kübelgarten ist sonnig und eher windstill. Denn dies sind exakt die Parameter, die Bienen benötigen.

Ein warmer bis heißer, geschützter Balkon ist für Bienen gerade recht. Honigbienen fliegen erst ab einer Temperatur von 12 °C, bei Regen überhaupt nicht, auch Wind lässt sie eher im Bienenstock verweilen.

BIENENPFLANZEN

Honigbienen sind bei der Wahl ihrer Blüten nicht allzu wählerisch. Hauptsache, sie kommen an Pollen und Nektar überhaupt heran: Die Blüte muss so gebaut sein, dass die fleißigen Tiere ihn ernten können. Manche hochgezüchtete Stauden besitzen gar kein Nahrungsangebot mehr, keinen Pollen, keinen Nektar. Sie sind steril. Auch komplett gefüllte Blüten sind völlig wertlos für Insekten – nicht nur für Honigbienen. Lippenblütler – dazu zählen viele unserer Küchenkräuter – sind übrigens bei Bienen besonders begehrt. Wir sollten uns also nach Pflanzen umsehen, die Wärme und Sonne lieben, und zugleich viel Nektar und Pollen besitzen.
Die Honigbiene ist nicht auf heimische Arten angewiesen. Sie ist in gewisser Weise eine Allrounderin. Wichtig ist ein langes Blühangebot, damit vom zeitigen Frühling bis in den Herbst etwas blüht. Denn sobald die ersten warmen Sonnenstrahlen im Frühling erscheinen, strömen die Völker aus.

Einkaufsliste

STAUDENWIESE

- ☐ 1 × Duftnessel, *Agastache foeniculum*
- ☐ 2 × Prachtkerze, *Gaura lindheimeri*
- ☐ 3 × Zottiger Ziest, *Stachys monieri* 'Hummelo'
- ☐ 2 × Wiesen-Schafgarbe, *Achillea millefolium*
- ☐ 1 × Steppen-Salbei, *Salvia nemorosa* 'Ostfriesland'
- ☐ 2 × Wiesen-Margerite, *Leucanthemum vulgare*
- ☐ 1 × Weißer Sonnenhut, *Echinacea purpurea* 'Alba'
- ☐ 25 Zwiebeln: Kugel-Lauch, *Allium sphaerocephalon*

STAUDENWIESE AUF DER TERRASSE

In etwas größeren Gefäßen lässt sich ein wiesenartiger Effekt durch Stauden erzeugen. Als Erde eignet sich ein gutes Dachbegrünungssubstrat, untermischt mit etwas Kompost. Das Gefäß sollte groß genug sein, eine Abmessung von 80 auf 50 cm gilt als Mindestmaß. Die Auswahl der Pflanzen erfolgt rein nach dem Gesichtspunkt, Bienen zu fördern, auch wenn hier nicht heimische Arten dabei sind. Die höheren Strukturen bilden die straff aufrecht wachsende Duftnessel und der wilde Kugel-Lauch. Dazwischen webt sich die weiß blühende Prachtkerze durch die Pflanzung. In der Krautschicht, so würde

Sowohl Malve als auch Oregano werden von Bienen geliebt.

Bienenweide auf engem Raum: Thymian und Natternkopf

man es bei Wiesen bezeichnen, finden sich Zottiger Ziest, Wiesen-Schafgarbe, Steppen-Salbei und Wiesen-Margeriten. Einen zusätzlichen Akzent bildet der Weiße Sonnenhut.

DAUERBLÜHER FÜR DEN HONIGBIENEN-BALKON

Mit mediterranen Kräutern können wir Bienen besonders erfreuen. Ganz oben auf der Liste steht der aromatische Echte Lavendel *(Lavandula angustifolia)*. Dieser ist im Gegensatz zum Schopf-Lavendel *(Lavandula stoechas)*, welcher immer häufiger in Gartencentern angeboten wird, winterhart und robust. Zum Wohlfühlen benötigt er ein gut drainiertes Substrat.

Als solitärere Topfpflanze für sonnige Bereiche auf dem Balkon eignet sich die Kleinblütige Bergminze (*Calamintha nepeta* 'Blue Cloud'). Auch sie ist sehr anspruchslos, nur zu lange Trockenperioden setzen ihr zu. Ihre Blätter verströmen bei Berührung ein intensives Minzaroma, obgleich sie botanisch gesehen nicht zu den Minzen gehört. Sie wächst schnell und blüht fast den ganzen Sommer, sehr zur Freude der Bienen. Ein weiterer Bienenmagnet ist Oregano *(Origanum vulgare)*. Wenn auf seinen Blüten bei Sonnenschein keine Bienen sitzen, dann ist wirklich etwas im Argen. Er wächst hervorragend in beengten Behältnissen, auch solitär. Aber er braucht gut durchlässigen Boden. In Kombinationen mit der wilden Moschus-Malve *(Malva moschata)* ergibt sich ein attraktiver Blühaspekt, von Juni bis September.

Einkaufsliste

SO ENG UND DOCH SO VIEL ZU BIETEN

- ☐ 1 × Gewürz-Thymian, *Thymus vulgaris*
- ☐ 1 × Gewöhnlicher Natternkopf, *Echium vulgare*

An den Lippenblüten des Lavendels sind bei gutem Sommerwetter immer Bienen zu beobachten.

Mit den richtigen Pflanzen wie Schnittlauch und Lavendel entsteht eine schwebende Bienenweide.

SO ENG UND DOCH SO VIEL ZU BIETEN

Sogar auf kleinstem Raum schaffen wir es, mit den richtigen Stauden Bienen ein Nahrungsangebot zu liefern. Hier ganz einfach: Gewürz-Thymian und ein Dauerblüher, der imposante Gewöhnliche Natternkopf. Dies mag vielleicht im ersten Moment beengt und etwas befremdlich aussehen, aber beide Pflanzen sind Ritzen oder Konkurrenz gewohnt. Sie wollen kiesiges, mageres Substrat.

SCHWEBENDE BIENENWEIDE

Sogar in Ampeln lassen sich bunte Bienenangebote verwirklichen. So fühlt sich in dem Beispiel oben der Echte Lavendel wohl – er bringt etwas Höhe in das Arrangement. Kompaktwüchsige Sorten wie 'Peter Pan' sind für Ampeln zu bevorzugen. Einen schönen kugelig blühenden Akzent bildet der Schnittlauch. Natürlich könnte man diesen beernten, aber den Insekten zuliebe und der Optik wegen lassen wir ihn zum Blühen kommen. Als ergänzende, etwas niedrigere Bepflanzung wird das heimische Wilde Stiefmütterchen mit seinen unzähligen kleinen Blütchen kombiniert. Dies hat auch einen etwas hängenden Charakter – ideal für Ampeln. Noch nicht zum Blühen gekommen ist die Glattblättrige Petersilie, welche hier zunächst nur als Blattstruktur dient. Deren grünlichgelbe Doldenblüten, welche im Spätsommer erscheinen, werden von Insekten wie Schwebfliegen gerne angeflogen.

Einkaufsliste

SCHWEBENDE BIENENWEIDE

- ☐ 1 × Echter Lavendel, *Lavandula angustifolia* 'Peter Pan'
- ☐ 1 × Schnittlauch, *Allium schoenoprasum*
- ☐ 1 × Wildes Stiefmütterchen, *Viola tricolor*
- ☐ 1 × Glattblättrige Petersilie, *Petroselinum crispum*

WILDBIENEN IN DER STADT

Honigbienen werden schon seit Jahrtausenden als Haustiere gehalten. Wildbienen hingegen sind auf sich selbst gestellt.

STADT-IMKEREI

Ohne Imker wäre die Honigbiene bei uns nicht mehr überlebensfähig: Sie muss zum Teil gefüttert werden und benötigt unsere Hilfe, vor allem was Krankheiten anbelangt. Es gab Phasen, wo die Imkerei stark zurückgegangen ist. Dies hat sich geändert. Denn es gibt inzwischen eine enorme Anzahl an Hobbyimkern, die ihre Völker auch in den Städten aufstellen. Dieser Hobbyimker-Hype begann vor ungefähr 12 Jahren, als das „Bienensterben" – hier war ausschließlich die Honigbiene gemeint – durch die Medien ging. Viele Menschen besuchten Imkerkurse, schafften sich Honigbienen an, mit dem Ergebnis, dass wir nun in den Städten schon fast zu viele Bienenvölker haben.
Was zunächst positiv aussah, hat sich zum Problem entwickelt. Denn durch die hohe Bienendichte und oftmals nicht die rechte Sorgfalt treten Krankheiten auf, welche die Honigbiene auf Wildbienen überträgt. Dazu gehören lebensbedrohliche Viruserkrankungen wie die Flügeldeformation.
Und da das Nahrungsangebot bei uns für Insekten immer geringer wird, haben Studien gezeigt, dass die effizienten Honigbienen tatsächlich Wildbienen Pollen und Nektar wegnehmen.

LEBENSRAUM FÜR DIE URBANE WILDBIENE

Aber wie geht es Wildbienen in der Stadt? Ziemlich gut und wesentlich besser als in der „freien Landschaft", wo intensive Landwirtschaft Strukturen zerstört hat und kaum noch Blühangebote bestehen. Der große Un-

Mit heimischen Stauden fördern wir Wildbienen.

terschied zur Natur auf dem Land besteht in der Vielfalt: Es gibt im urbanen Raum viele Brachen, ungenutzte Bereiche oder Lagerplätze, welche Wildbienen als Ersatzlebensraum dienen. Auch das Nahrungsangebot ist ausgesprochen vielseitig und lang anhaltend. Im Frühling haben Wildbienen in der Natur geringe Probleme, ein gutes Pollen- oder Nektarangebot zu finden, denn zu dieser Zeit blühen viele Blumen. Schwieriger erweist sich dies jedoch ab dem Sommer für die spätfliegenden Arten. Früher wurden Wiesen nur abschnittsweise gemäht, wodurch ein rotierendes Blühangebot bestand. Dies fehlt heute gänzlich. Anders im Siedlungsraum. Dort finden sich in Gärten, Parkanlagen und auch auf Dachgärten viele Stauden und Blumen, seien sie heimisch oder nicht. Dass viele der nicht heimischen Arten eher etwas später blühen, kommt den späten Wildbienen zugute. Studien haben ergeben, dass Wildbienen sehr wohl auch Nahrung von diesen sammeln. Folgerichtig liegt die Zahl der verschiedenen Wildbienenarten in urbanen Gärten höher als im landwirtschaftlich geprägten Umland. Hinzu kommt noch ein ganz entscheidender Faktor: das Unterlassen von Pestiziden in Städten. All dies sind gute Argumente dafür, dass es sich lohnt Wildbienen in der Stadt, auf Balkon und Terrassen zu fördern. Wir müssen ihnen dazu nur zwei Dinge geben: ein lange blühendes Nahrungsangebot mit heimischen Wildpflanzen, gepaart mit passenden Nistplätzen und Strukturen.

DAS KURZE LEBEN DER WILDBIENEN

Die meisten Wildbienen führen ein kurzes Leben, oftmals nur vier bis neun Wochen. In dieser Zeit müssen sie für ihren Nachwuchs sorgen und benötigen deshalb Pollen und Nektar. Mehr als die Hälfte aller Wildbienen bauen ihre Bruthöhlen im Boden, und lediglich um die 20 % in hohlen Stängeln (welche in Insektenhotels fast ausschließlich zu finden sind).

In der Stadt lässt es sich erfolgreich imkern.

WILDBIENEN BRAUCHEN UNSERE HILFE

Wildbienen sind sehr speziell. Es gibt bei uns etwa 560 Arten – fast jede ist auf eine besondere Wildpflanze angewiesen. Wollen wir diese Tiere fördern, sollten wir uns auf heimische Pflanzen fokussieren.

Da Blüten heimischer Stauden von Insekten bestäubt werden und letztendlich Samen ansetzen, finden wir unter ihnen sehr viele sich gut versamende Pflanzen. Dies bedeutet, sie beginnen in unseren Kübeln herumzuvagabundieren. Ein schönes Beispiel hierfür ist das einjährige Acker-Vergissmeinnicht *(Myosotis arvensis)*, das als bunter Frühlingsakzent in kleinsten Pflanzgefäßen wachsen kann. Nach der Blüte zieht es sich zurück und stirbt ab. Das darf so sein, denn unzählige Samen werden an anderer Stelle ein neues Vergissmeinnicht hervorbringen.
Selbstverständlich können wir die heimischen Arten auch mit Stauden aus anderen Teilen der Welt kombinieren, aber damit erreichen wir diese inzwischen oft selten gewordenen Wildbienen nicht. Einzig Hummeln sind nicht ganz so wählerisch. Diese sieht man schon einmal auf einer *Echinacea* sitzen. Auf alle Fälle lieben sie Blüten mit viel Nektar. Auch wenn dieser noch so tief sitzt, macht das nichts, denn einige Hummelarten haben einen langen Rüssel. Damit kommen sie auch an den Nektar wichtiger Frühjahrsblüher wie Lungenkraut *(Pulmonaria officinalis)*. Und so unterschiedlich Wildbienen-Anforderungen in Bezug auf Blüten und Gewächse sind, genauso unterschiedlich sind die Standorte und Ansprüche für die zu verwendenden Pflanzen. Insofern gibt es nicht den typischen Wildbienen-Pflanzenstandort. Tendenziell fühlen sie sich allerdings in der Wärme wohl.

Einkaufsliste

FUTTERSTELLE IM BLUMENKASTEN

- ☐ 1 × Hopfenklee, *Medicago lupulina*
- ☐ 1 × Wilde Malve, *Malva sylvestris*
- ☐ 1 × Gewürz-Thymian, *Thymus vulgaris*
- ☐ 1 × Goldhaar-Aster, *Aster linosyris*
- ☐ 1 × Samtnelke, *Lychnis coronaria*
- ☐ 1 × Färberkamille, *Anthemis tinctoria*
- ☐ 1 × Rundblättrige Glockenblume, *Campanula rotundifolia*

PFLANZIDEEN

FUTTERSTELLE IM BLUMENKASTEN

Wie in der Natur, wo der Boden fast immer mit Vegetation überzogen ist, wurde auch hier von Anfang an dicht bepflanzt. Als wichtiger Spätblüher und Akzentgeber wächst die jetzt noch nicht blühende heimische Goldhaar-Aster. Die etwas höheren Wilden Malven, gelben Färberkamillen und Samtnelken bringen eine kräftige Farbe in die Kombination. Es handelt sich hierbei um eher kurzlebige Arten, welche sich versamen

Bienen-Futterstelle: bunter Wildblumen-Kasten

Topf-Arrangement mit Wildstauden

An der heimischen Karde sind oft Wildbienen.

Einkaufsliste

TOPF-ARRANGEMENT FÜR HUMMELN & CO.

- ☐ 2 × Rosa Wiesen-Salbei, *Salvia pratensis* 'Rose Rhapsody'
- ☐ 3 × Pechnelke, *Lychnis viscaria*
- ☐ 2 × Blut-Storchschnabel, *Geranium sanguineum* 'Apfelblüte'
- ☐ 1 × Echtes Leinkraut, *Linaria vulgaris*
- ☐ 1 × Zitronen-Quendel, *Thymus serpyllum* 'Amadé'

und woanders wieder ansiedeln werden. Den Boden bedeckt die Rundblättrige Glockenblume. Über den Rand des Kastens hängen wilder Hopfenklee und Gewürz-Thymian. Eine Alternative zum ihm wäre der ebenfalls gelb blühende Hornklee. Das Substrat ist sandig-kiesig und wurde mit etwas Kompost angereichert.

TOPF-ARRANGEMENT FÜR HUMMELN & CO.

Viele Wildstauden haben einen starken Ausbreitungsdrang. Pflanzt man diese zusammen in einen Kübel, entsteht eine nicht genau zu kalkulierende Dynamik. Das ist zwar spannend, aber manchmal schade, wenn die eine oder andere lieb gewonnene Wildstaude von einem Nachbargewächs erdrückt wird. Insofern ist es besser, die entsprechenden Stauden in Einzelgefäße zu setzen und dann die Töpfe miteinander zu kombinieren.
Gut eignet sich dazu Wiesen-Salbei, welchen es in unterschiedlichsten Farben gibt: von strahlendem Weiß über zartes Rosa bis hin zu klassischem Blau. Nach der Blüte sollte man ihn abschneiden, dann blüht er im Spätsommer nochmals nach. Und noch etwas Gutes hat Salbei: Er ist ein absoluter Hummelmagnet.
Die pinkfarbenen Blüten der Pechnelke werden hingegen von Schmetterlingen und Nachfaltern besucht.

Nicht nur Taubenschwänzchen lieben die Spornblume.

Schachbrettfalter auf Kronwicke

Kleiner Fuchs auf Patagonischem Eisenkraut

Moderne Kombi mit Mehrwert

Süßes Nektarbeet auf dem Dachgarten mit Patagonischem Eisenkraut, Woll-Ziest, Blaunessel und Mannstreu

OASEN FÜR SCHMETTERLINGE

Um Schmetterlinge zu unterstützen, muss man ein paar Dinge vorab wissen. Falter haben unterschiedliche Lebensweisen, wobei der einzelne je nach Art oft gar nicht so lange lebt.

NEKTARTANKSTELLEN UND RAUPENFUTTER

Eines ist allen Faltern gemein: Sie brauchen ein sehr gutes Nektarangebot. Diesen benötigen sie direkt als Nahrung für ihr kurzes Leben. Wir sollten Pflanzen auswählen, welche besonders viel davon liefern. Das ist nicht allzu schwer, denn Schmetterlingen ist es egal, ob der süße Saft von einer heimischen Staude, einer mediterranen wie der Spornblume (*Centranthus ruber* var. *coccineus*) oder einem fremdländischen Gewächs wie dem Patagonischen Eisenkraut *(Verbena bonariensis)* stammt. Hauptsache, zuckrig! Ein eher sonniger Standort ist von Vorteil. Nun entwickelt sich aber ein Schmetterling aus einer Raupe, welche ebenfalls hungrig ist. Und hier liegt das Problem: Sie fressen nämlich nur und ausschließlich an ihren Futterpflanzen. Und diese sind leider oft nicht die attraktivsten. Aber wenn wir Schmetterlinge fördern wollen, dann braucht es beides: gute Nektar- und Futterpflanzen (siehe auch S. 107). Eine hübsche und zugleich ausgesprochen gerne von unterschiedlichsten Raupen angenommene Staude ist die Bunte Kronwicke *(Securigera varia)*. Warum probieren Sie diese nicht mal in einem Topf aus? Pflanzen Sie sie unbedingt separat, da sie zu Ausläufern neigt.

MODERNE PFLANZKOMBINATION MIT MEHRWERT

Auch in architektonischen Gefäßen lassen sich wunderbar Schmetterlingspflanzen integrieren. Denn besonders nordamerikanische Stauden, welche erst im Hochsommer blühen, bilden einen schönen Kontrast zu kubischen Töpfen. Diese Pflanzen benötigen einen humosen, mit Dachgartensubstrat vermischten Boden. Da sie einen hohen Nährstoffbedarf haben, funktionieren sie in großen Gefäßen. Der Purpur-Sonnenhut wird mit der Prachtscharte kombiniert. Beide blühen zur Freude der Schmetterlinge lange und sind ausgesprochene Nektarlieferanten. Passend zum sonnigen Standort und zu den anderen beiden Arten wächst die Purpur-Rutenhirse. Sie lockert nicht nur mit ihren Blättern die Kombination auf, sondern

Einkaufsliste

MODERNE PFLANZKOMBINATION MIT MEHRWERT

- ☐ 1 × Purpur-Sonnenhut, *Echinacea purpurea*
- ☐ 3 × Prachtscharte, *Liatris spicata*
- ☐ 1 × Purpur-Rutenhirse, *Panicum virgatum* 'Shenandoah'

bringt durch ihre purpurne Laubverfärbung zusätzlich einen Akzent hinein. Im Hintergrund wächst in einem separaten Kübel ein Schmetterlingsstrauch (*Buddleja davidii*, z. B. 'Peacock'): Das Thema Falter ist hier Programm.

SÜSSES NEKTARBEET FÜR FALTER AUF DEM DACH

Wer auf einer großen Terrasse oder einem sonnigen Dachgarten ein kleines Hochbeet aus Haselgeflecht anlegen kann, der schafft damit eine gut zu gestaltende Pflanzfläche. Unbedingt vorher den Bereich mit einem Vlies auslegen!

Diese bunte, beetartige Sommerkombination braucht Sonne und leicht nährstoffreichen Boden. Jede dieser Pflanzen liefert ausgesprochen viel Nektar. Hauptgerüst bildet die Blaunessel mit ihren aromatischen Blättern. Ein interessanter Kontrast, sowohl im Wuchs als auch in der bläulichen Farbe, ist das Kleine Mannstreu. Einen weiteren Blattkontrast bringt der Woll-Ziest in das Hochbeet. Noch nicht voll erblüht ist der Purpur-Sonnenhut. Umso besser, dann staffelt sich das Nahrungsangebot zeitlich. Ebenfalls rosa ist die Schafgarbe. Das kurzlebige Patagonische Eisenkraut macht das Schmetterlings-Super-Nektarbeet vollständig.

Einkaufsliste

SÜSSES NEKTARBEET FÜR DEN DACHGARTEN

- ☐ 3 × Blaunessel, *Agastache Rugosa*-Hybride 'Blue Fortune'
- ☐ 2 × Kleines Mannstreu, *Eryngium planum* 'Blaukappe'
- ☐ 3 × Schafgarbe, *Achillea Millefolium*-Hybride 'Lilac Beauty'
- ☐ 2 × Patagonisches Eisenkraut, *Verbena bonariensis*
- ☐ 1 × Purpur-Sonnenhut, *Echinacea purpurea*
- ☐ 3 × Woll-Ziest, *Stachys byzantina*

DAUERBLÜHER IM SCHMETTERLINGSTOPF

In der nebenstehenden Musterpflanzung kommt alles zusammen: Die Stauden sind alle absolute Dauerblüher, vom Mai bis zum Frost. Zudem sind die Blüten beliebt bei Schmetterlingen, aber auch anderen Insekten. Und sie gedeihen ohne Probleme zusammen in einem Topf, sofern er sonnig platziert ist und als Substrat ein nicht zu magerer, durchlässiger Gartenboden gewählt wird.

Für Höhe sorgt die Prachtkerze und die unkomplizierte Grasnelke bringt die nötige Farbe in die Kombination. Am Rand wächst das Spanische Gänseblümchen 'Blütenmeer', was zu Recht so heißt. Leider ist es in Gegenden mit sehr niedrigen Temperaturen nicht zuverlässig winterhart. Aber einen Versuch ist es wert. Als Vermittler zwischen den Stauden fungiert das Engelhaar-Gras.

Einkaufsliste

DAUERBLÜHER IM SCHMETTERLINGSTOPF

- ☐ 1 × Prachtkerze, *Gaura lindheimeri*
- ☐ 1 × Grasnelke, *Armeria maritima* 'Düsseldorfer Stolz'
- ☐ 1 × Spanisches Gänseblümchen, *Erigeron karvinskianus* 'Blütenmeer'
- ☐ 1 × Engelhaar-Gras, *Stipa tenuissima*

EIN BALKON FÜR VÖGEL

Wie oft schaut der eine oder andere Vogel auf Terrasse oder Balkon vorbei, vor allem im Winter, wenn wir füttern. Oder man befestigt Nistkästen, in der Hoffnung, dass sie angenommen werden.

KINDERSTUBE AUF BALKONIEN

Manchmal, wenn sie sich besonders wohlfühlt, kann es sogar passieren, dass beispielsweise eine Amsel in einem Balkonkasten ihr Nest baut und ihre Jungen dort aufzieht. Das ist ein ganz besonderes Erlebnis für einen Balkon-Besitzer. Aber können wir Vögel auch noch anders unterstützen, mit bestimmten Pflanzen? Neben einem Nistplatz benötigen sie Material zum Bauen ihrer Nester und Nahrung. Nistmaterial muss vor allem weich und flauschig sein. Feine Halme von Gräsern wie dem Engelhaar-Gras *(Stipa tenuissima)* sind dafür sehr gut geeignet. So praktisch das Gras für Vögel ist, optisch lohnt es sich, es als Gestaltungselement auszuprobieren. Auch wollartige Samenstände bestimmter Pflanzen sind als Nistmaterial ideal wie die der Herbst-Anemone (*Anemone hupehensis* 'Ouvertüre'). Sie bevorzugt einen halbschattigen Platz und benötigt etwas Zeit, um sich zu entwickeln. Als Solitär in einen Topf gesetzt, bringt sie im Spätsommer schöne Blüten und später erscheinen ihre flauschigen Samenstände. Wir müssen diese stehen lassen, damit im Frühling das Material zum Nestbau zur Verfügung steht.

01

02

03

04

NATÜRLICHE FUTTERSTELLEN

Fast alle Pflanzen liefern Samen, aber nicht alle werden von Vögeln entdeckt oder gerne gefressen. Am liebsten picken Vögel sich Samen aus höheren, überstehenden Gewächsen heraus. Dazu gehört beispielsweise die Wilde Karde *(Dipsacus fullonum)*. Ist sie während ihrer Blüte schon ein ausgesprochener Insektenmagnet, so sind ihre Samen bis weit in den Winter hinein ein beliebtes Futter für Distelfinken. Ähnlich ist es bei den Samenständen der Großblütigen Königskerze *(Verbascum densiflorum)*: Sie sind einfach perfekt anzufliegen. Zudem hat sie unzählige, winzige Samen – sehr zur Freude kleiner Singvögel wie der Meise.

FRUCHTIGE ZEITEN FÜR VÖGEL

Die heimische Felsenbirne eignet sich als Kübelgehölz bestens: Sie ist von Natur aus beengte Verhältnisse gewohnt. Oft wächst sie

01 Haussperlinge werden ihrem Namen gerecht. Bei richtigem Futterangebot schauen sie ziemlich sicher auf dem Balkon vorbei.

02 Die feinen Halme von Gräsern verwenden Vögel gerne als Baumaterial für ihre Nester.

03 Der Distelfink sucht an dem Samenstand der Wilden Karde nach Futter.

04 Die Früchte der heimischen Felsenbirne schmecken nicht nur uns, sie sind im Spätsommer ein gefundenes Fressen für alle Vögel.

Lässt man die Samenstände der Sonnenblumen stehen, werden sich im Herbst Meisen an ihnen gütlich tun.

aus kleinen Felsspalten hervor. Sie hat eine sehr ansprechende Wuchsform und einen malerischen Habitus. Was noch für sie spricht, ist ihr Mehrwert. Dies beginnt im Frühling mit ihren schönen weißen Blüten, welche wahre Bienenmagnete sind. Im Sommer wird die Fleißarbeit der Hummeln und Bienen mit süßen Früchten belohnt. Der Name Felsenbirne ist etwas irritierend, denn sie ist kein Baum und auch keine Birne. Sie hat säuerliche Beeren, welche ein wenig wie Heidelbeeren aussehen und auch essbar sind. Vögel lieben sie. Mit solch einem Strauch sind einem Vogelsichtungen auf dem Balkon sicher. Im Herbst werden die Blätter strahlend gelborange. Und es gibt noch einen Vorzug der Felsenbirne: Ihre Wurzeln gehen eher in die Tiefe und lassen eine Unterpflanzung mit Stauden zu. Gut geeignet sind Teppich-Glockenblume *(Campanula portenschlagiana)* oder wie in der Kombination auf S. 71 mit Storchschnabel (*Geranium sylvaticum* 'Baker's Pink'). Der Standort darf sonnig bis halbschattig sein, aber nicht zu heiß.

SONNENBLUMEN – GANZ OBEN AUF DEM VOGEL-SPEISEPLAN

Die einjährige Sonnenblume *(Helianthus annuus)* ist ein ausgesprochenes Highlight auf dem sonnigen Sommerbalkon. Es ist einfach, sie selbst aus Samen zu ziehen – manchmal keimt sie sogar von selbst und ohne großes Zutun, wenn aus einem Vogelhäuschen der eine oder andere Samen von Vögeln im Winter verstreut wurde und in einem Blumentopf gelandet ist. Vorgezogene

Perfektes Nistmaterial: die flauschigen Samenstände der Herbst-Anemone

Pflanzen sind oft Hybrid-Ware, welche keine Samen ansetzt. Im Sommer laben sich Bienen an den wunderschönen gelben Blüten, denn Sonnenblumen besitzen ausgesprochen viele Pollen, und im Herbst freuen sich Vögel über die fetthaltigen Samen. Sonnenblumen sind Starkzehrer und benötigen viele Nährstoffe: Die Größe des Topfes wirkt sich immer auf die Größe der Einzelpflanze aus. Und wegen der schweren Samenstände müssen sie auch meist gestützt werden. So wird eine Sonnenblume in einem kleinen Topf auch kleinwüchsig bleiben, kommt aber zur Blüte. Der Fuß von Sonnenblumen sieht immer etwas unattraktiv aus. Säen Sie deshalb im Kübel Einjährige wie Jungfer im Grünen oder Ringelblume dazu. Hauptsache sie haben ähnliche Standortansprüche.

TOP VOGELFUTTER-PFLANZEN FÜR TÖPFE

Pflanze	Mehrwert
Amaranth	Samen
Baumspinat	Samen
Buchweizen	Samen
Königskerze	Samen
Ringelblume	Samen
Sonnenblume	Samen
Wilde Karde	Samen
Apfel-Rose	Früchte
Felsenbirne	Früchte
Rote Johannisbeere	Früchte
Weißdorn	Früchte
Zwerg-Schneeball	Früchte

Sumpfdotterblumen sind schöne Frühjahrsblüher.

Sumpfbeet in einer Zinkwanne mit Wollgras

WASSERSTELLEN UND SUMPFBEETE

Miniteiche oder Feuchtwiesen auf der Terrasse – das ist keinesfalls abwegig. Sie sind pflegleicht, ökologisch, vielfältig und funktionieren, wenn sie an einem halbschattigen oder schattigen Platz stehen.

Wasserstellen, und seien sie noch so klein, ziehen Leben an. Schnell finden sich Käfer ein oder Libellen schauen vorbei. Zudem sind sie wichtige Trinkstellen für Vögel und Insekten. Haben wir Wildbiene und Co. durch ein gutes Nahrungsangebot mit vielfältigsten Pflanzen angelockt, kann man an heißen Sommertagen beobachten, wie sie sich durstig am kühlen Nass laben. Wichtig ist, dass es Landeplätze gibt und der Wasserbottich nicht zur Todesfalle wird.
Wem ein Sumpfbeet zu viel ist, der sollte zumindest flache Trinkschalen aufstellen. So kann man nicht nur Vögel beim Trinken und ihrem morgendlichen Plantschen zusehen, sondern auch durstige Falter oder Wildbienen beobachten.

SCHRITT FÜR SCHRITT ZUM MINITEICH

Alle größeren Töpfe, die wir sonst nicht benutzen, weil sie kein Abflussloch haben, sind bestens geeignet. Das können Zinkwannen, Blecheimer, große Emaille-Töpfe, Zuber, Metallfässer oder dichte Holzbottiche sein. Auch Kunststoff kommt infrage, sofern der

Topf dicht und mindestens 35 cm tief ist. Das Gefäß wird an einem halbschattigen bis schattigen Platz aufgestellt und 15 bis 20 cm hoch mit Substrat gefüllt, je nach späterem Bewuchs. Da Wasserpflanzen eher nährstoffreichen Boden lieben, eignet sich eine Mischung aus Lehm und Gartenerde. Gekaufte Sumpf- und Wasserpflanzen im Topf müssen kräftig in einem Eimer getaucht werden, damit der Wurzelballen richtig nass ist. Falls man nur ein paar Rhizome hat, beispielsweise von einer Sumpf-Schwertlilie, kann man diese einfach auf die Erde legen und andrücken. Hilfreich ist es, die Pflanzen noch zusätzlich etwas zu beschweren, damit sie, da sie anfangs noch nicht angewachsen sind, keinen Auftrieb bekommen. Ein Stein reicht meistens aus. Bevor das Gefäß mit Wasser verfüllt wird, wird noch eine maximal 2 cm dicke Schicht aus feinem Kies auf das Substrat ausgebracht, damit sich dieses nicht so stark mit dem Wasser vermischt. Als letzter Schritt wird das Sumpfbeet mit Wasser aufgefüllt. Idealerweise kann dies von einem Teich geholt werden, Regenwasser geht aber auch. Steht nur Leitungswasser zur Verfügung, sollte dieses vorher ein paar Tage stehen. Lassen Sie das Wasser langsam und vorsichtig einlaufen, damit so wenig Erde wie möglich aufgewirbelt wird. Nun müssen die Pflanzen nur noch wachsen und wir ab und zu Wasser nachfüllen. Oftmals ist das über Wochen nicht nötig.

Der einzige Wermutstropfen ist der Winter. Denn das Gefäß kann durchfrieren, wenn wir es nicht schützen. Besser ist es, den Bottich im Keller oder in einer Garage frostfrei zu überwintern.

WASSERPFLANZEN

Viele Sumpfpflanzen sind sehr konkurrenzstark. Drei Arten in einem Topf sind das absolute Maximum. Bei Seerosen ist auf kleine Sorten zu achten, es gibt sie!

☞ PFLANZEN FÜR MINITEICHE UND SUMPFBEETE – SORTIERT NACH WASSERTIEFE

PFLANZENNAME	BLÜTEZEIT / FARBE	WASSERTIEFE / EIGENSCHAFTEN
SUMPFDOTTERBLUME *Caltha palustris*	IV–V, gelb	0–10 cm, Sumpfpflanze
BACH-MINZE *Mentha aquatica*	VII–IX, blass-violett	0–20 cm, starkwüchsige Sumpfpflanze
SUMPF-SCHWERTLILIE *Iris pseudacorus*	V–VI, gelb	0–30 cm, Sumpfpflanze
ZWERG-ROHRKOLBEN *Typha minima*	VI–VII, braun	0–30 cm, Sumpfpflanze
TANNENWEDEL *Hippuris vulgaris*	VI–VIII, grün	0–40 cm, braucht Platz, Strukturpflanze
BLUMENBINSE *Butomus umbellatus*	III–VII, rosa	0–50 cm, Sumpfpflanze
HECHTKRAUT *Pontederia cordata*	VI–IX, blauviolett	10–30 cm, Sumpfpflanze
NORDISCHE SEEROSE *Nymphaea tetragona*	VI–IX, weiß-rosa	10–50 cm, Unterwasserpflanze

DIE WIESE IM TOPF

Außer mit fertiger Pflanzware zu arbeiten, gibt es auch die Möglichkeit, ein Gefäß direkt mit Blumen anzusäen. Dazu kann man Saatgut für ein- oder mehrjährige Arten verwenden.

Einjährige Sommerblumen lohnen sich vor allem dann, wenn man recht schnell einen Effekt haben möchte und es günstig sein soll. Wurde das Saatgut selbst gewonnen, gehen die Kosten sogar gegen Null. Der richtige Zeitpunkt für die Ansaat ist das Frühjahr, wenn keine Fröste mehr zu befürchten sind. Wichtig ist, dass der Standort sonnig und der Topf nicht zu klein ist. Im Praxisteil wird beschrieben, wie dies im Detail geht (siehe S. 92). Sind die Keimlinge sichtbar, dürfen sie während ihrer Wachstumsphase nicht mehr austrocknen. Das ist die kritischste Zeit, vor allem in einem beengten Gefäß. Ab einer gewissen Größe sind sie etwas widerstandsfähiger, doch anfangs sollte man vor allem die Einjährigen regelmäßig gießen. Aber auch Jungpflanzen von Mehrjährigen dürfen nicht austrocknen.

EINJÄHRIGE ANSAATEN MIT NUR EINER ART

Gestalterisch macht es einen Unterschied, eine Art zu verwenden oder mehrere zu mischen. Für monochrome, aus einer Art bestehende Pflanzkübel eignet sich das ausgesprochen unkomplizierte Nelken-Leimkraut *(Silene armeria)*. Ursprünglich stammt diese Pflanze aus dem Mittelmeerraum, ist also Wärme und zeitweise Trockenheit gewohnt. Das Substrat darf nicht zu nährstoffreich sein: Je magerer der Boden ist, desto kleiner bleibt es – wachsen wird es trotzdem. Das Leimkraut keimt recht schnell und setzt schon nach acht Wochen die ersten Blüten an. Diese bleiben uns einige Zeit erhalten, sind sie verblüht, war es das aber. Eine Nachblüte gibt es nicht. Da bleibt nur eins: Die

Nelken-Leimkraut verträgt Trockenheit und Hitze.

Klatsch-Mohn – beliebte Insektenpflanze

Felger's Augenweide: eine einjährige Mischung mit bis zu 35 Blumenarten

Eine Wiese aus heimischen Wildpflanzen ist eine langfristige und bienenfreundliche Lösung.

Samen ernten und das Ganze im nächsten Jahr wiederholen. Die vielen Fruchtstände zeigen uns seine Insektenfreundlichkeit. Auch unser heimischer Klatsch-Mohn *(Papaver rhoeas)* lässt sich in Gefäßen als Direktansaat einbringen. Seine Samen sind winzig, deshalb sollte man so wenig wie möglich verwenden, sonst machen sich die Pflanzen später zu viel Konkurrenz. So seltsam es ist, Mohn ist sehr eigen. Es gibt nie eine Garantie, dass er zuverlässig keimt. Oftmals braucht er sogar Frost. Was er auf alle Fälle mag, ist ein eher nährstoffreicher Boden. Nach der Keimlingsphase ist er anspruchslos. Klatsch-Mohn gibt es nicht nur im klassischen Rot, sondern auch in Rosa bis Weiß.

EINJÄHRIGE MISCHUNGEN

Mit einjährigen Mischungen kann man kurzfristig ein wunderbares, buntes Farbspiel auf den Balkon bekommen. Eine lang erprobte Mischung ist Felger's Augenweide. Darin sind heimische Arten wie Kornblume und Ringelblume enthalten, aber auch einige nicht heimische oder Züchtungen. Ein perfektes Potpourri fürs Auge und für die Insekten. Das Substrat sollte hier eher mager sein, mit etwas Kompost vermischt. Einzelarten wie Mohn, welche ursprünglich auf heimischen Äckern vorkamen, stehen bei unserer Fauna natürlich auch hoch im Kurs. Vorsicht: Es gibt bunte, einjährige Mischungen, welche ausschließlich aus nichtheimischen Arten oder aus Hybridsaatgut bestehen. Diese sehen zwar sehr attraktiv aus, sind aber leider für unsere Insekten meist völlig wertlos.

WILDBLUMENWIESE FÜR INSEKTEN

Eine wirkliche Wiese in einem Bottich anzusäen ist eine längerfristige Lösung. Im ersten Jahr der Ansaat sieht dies zunächst ausgesprochen mager aus. Wir müssen uns gedulden, bis sich die Wildstauden entwickelt haben. Aber ab dem zweiten Jahr werden wir mit Blumen beschenkt, wie wir sie draußen in der Natur kennen. Da dies alles ohne Ausnahme heimische Wiesenpflanzen sind, fördern wir damit sehr viele Schmetterlinge, Wildbienen und Käfer.

Harmonische Blütenkombination: gelber Frauenmantel mit violettblauem Storchschnabel

DER ALTERNATIVE BALKONKASTEN

Balkonkästen sind an Fensterbänken und Balustraden die traditionellste Art von Blumenschmuck. Ihre Form und Größe passen genau. Überwiegend werden dafür einjährige Pflanzen wie Petunien verwendet.

Eine klassische Bepflanzung bedeutet, dass die Blumen im Herbst entsorgt werden und man jedes Jahr von vorne beginnt – kein nachhaltiger Ansatz, ganz zu schweigen von Kosten und Arbeitsaufwand. Und so bunt diese Bepflanzungen auch sind, sie sind für Tiere faktisch nutzlos. Wie sieht es mit Alternativen aus? Neben nutzbringenden Kräutern, die in sonnigen Bereichen sehr gut wachsen, darf es auch einmal etwas Längerfristiges sein – um diesem Wegwerf-Kreislauf eine mehrjähre Alternative mit Stauden zu bieten, am besten mit einem ökologischen Mehrwert. Da Balkonkästen ausgesprochen beengt sind, sollten wir auf genügend Nährstoffe, also Dünung mit Hornmehl oder -späne achten. Auch das Gießen wird bei fast allen Kombinationen nicht ausbleiben, zu-

Einkaufsliste

GEHÖLZRAND-STAUDEN „EN MINIATURE"

- ☐ 2 × Zierlicher Frauenmantel, *Alchemilla epipsila*
- ☐ 3 × Blauer Storchschnabel, *Geranium-Pratense-*Hybride 'Johnson's Blue'

mal natürliche Niederschläge besonders auf Fensterbänken kaum ankommen. Ein optischer Anspruch ist natürlich, dass solch eine Pflanzkombination ein Eyecatcher ist.

DIE BESTEN PFLANZEN FÜR KÄSTEN

GEHÖLZRAND-STAUDEN „EN MINIATURE"

In schattigen Bereichen, wo die klassische Balkonbepflanzung versagt, können wir mit Stauden aus dem Vollen schöpfen. Wobei es sicherlich sinnvoll ist, Pflanzen auszuwählen, welche tendenziell länger blühen und deren Laub zudem attraktiv aussieht. Der Zierliche Frauenmantel *(Alchemilla epipsila)* erfüllt diese Kriterien bestens. Er ist gedrungen in seinem Wuchs und harmoniert damit gut mit der Größe des Balkonkastens. Kombiniert mit dem Blauen Storchschnabel (*Geranium-Pratense-*Hybride 'Johnson's Blue') ergibt sich eine harmonische Mixtur.
Der absonnige bis schattige Standort passt für beide. Der Boden sollte humose Anteile haben. Bei starker Trockenheit darf man das Gießen nicht einstellen, zudem ist zweimal im Jahr eine Düngergabe angesagt.

DUFTWOLKE IM BLUMENKASTEN

Mit nur zwei Arten von dauerblühenden Stauden kann man eine rundum zufriedenstellende Bepflanzung gestalten, wie der Balkonkasten auf S. 80 zeigt. Und beide duften auch noch: Die immergrüne, rot blühende Feder-Nelke (*Dianthus plumarius* 'Munot') verströmt ihren süßlichen Duft über ihre Blüten, die Kleinblütige Bergminze (*Cala-*

mintha nepeta 'Blue Cloud') über ihre Blätter. Zudem bildet die klassisch rote Blüte der Nelke einen wunderbaren Kontrast zu den feinen Blättern der Bergminze. Sie blüht fast den ganzen Sommer. Da ihre Blüten gefüllt sind, bringen sie leider Insekten keinen Nutzen. Dies wird allerdings mit der Bergminze völlig aufgefangen: Sie ist ein Wildbienen-Liebling. Alternativ zur Nelken-Sorte 'Munot' kann man auch die kleine Feder-Nelke (*Dianthus plumarius* 'Nanus Sweetness') verwenden. Sie ist ungefüllt und somit eine gute Bienen-, aber vor allem Schmetterlingsweide. Beide Pflanzen brauchen viel Sonne und durchlässige, nicht zu nährstoffreiche, mineralische Erde.

Einkaufsliste

BUNT UND GESCHMACKVOLL

- ☐ 2 × Schmalblättrige Studentenblume, *Tagetes tenuifolia*
- ☐ 1 × Echter Lavendel, *Lavandula angustifolia*
- ☐ 1 × Ringelblume, *Calendula officinalis,* ungefüllt
- ☐ 1 × Gelber Dost, *Origanum vulgare* 'Thumbles Variety'
- ☐ 1 × Glattblättrige Petersilie, *Petroselinum crispum*

BUNT UND GESCHMACKVOLL

Warum nicht einmal Stauden, Einjährige und Kräuter mischen (wie auf Foto 02)? Die Schmalblättrige Studentenblume ist zwar einjährig, dafür ein sommerbegleitender, robuster Dauerblüher, welcher von Bienen und Hummeln besucht wird. Mit ihrer feinen, wildblumenartigen Erscheinung und kompakten Form wird sie seitlich in den Kasten gesetzt. Höhe und zugleich einen schönen Farbkontrast bringt der duftende Lavendel. Er ist als Halbstrauch mehrjährig. Mittig, um das Orange der Tagetes zu wiederholen, wird eine Ringelblume gesetzt. Als beliebtes Gewürz wächst hier die hängende Form des Basilikums. Eine mehrjährige Alternative zum Basilikum ist der Gelbe Dost, der im Frühjahr gelb leuchtende Blätter hat. Seine

01

02

Blüten sind im Sommer ein Dauerrenner für Wildbienen. Dazu passt noch die Glattblättrige Petersilie mit ihrem kräftig grünen Laub. Als Substrat eignet sich mit etwas Sand abgemagerte Blumenende.

Einkaufsliste

VIOLETTE BLÜTENFÜLLE

- ☐ 1 × Steppen-Salbei, *Salvia nemorosa* 'Caradonna'
- ☐ 1 × Niedrige Katzenminze, *Nepeta racemosa* 'Superba'
- ☐ 1 × Lavendel, *Lavendula angustifolia* 'Dwarf Blue'
- ☐ 1 × Hänge-Rosmarin, *Rosmarinus officinalis* 'Prostratus'
- ☐ 1 × Goldlack, *Erysimum* Hybride 'Bowles Mauve'
- ☐ 1 × Heiligenkraut, *Santolina chamaecyparissus*
- ☐ 1 × Eisenkraut, *Verbena bonariensis* 'Dwarf Blue'

VIOLETTE BLÜTENFÜLLE

Robuste Alleskönner schmücken diese kleine Blüten-Oase, manche duften und sind als Kräuter zu verwenden. Straff aufrecht stehen die Blütenstände vom Steppen-Salbei 'Caradonna' neben den ähnlichen, aber etwas größeren Blüten der Katzenminze. Beide sind echte Hummelmagnete. Passend hierzu wächst Lavendel. Der Hänge-Rosmarin kaschiert durch seinen Wuchs den Rand. Er blüht im Frühjahr und liefert damit früh fliegenden Bienen wichtige Nahrung. In rauen Gegenden ist er leider nicht frosthart, genauso wie die Goldlack-Hybride und das Eisenkraut. Stadtklima-Temperaturen kommen ihnen allerdings zu Gute. Ebenfalls zu den Trockenhelden zählen das gelb blühende Heiligenkraut und die Walzen-Wolfsmilch.

01 Duftendes Duo: Feder-Nelke und Bergminze

02 Mischung mit Kräutern und essbaren Blüten

03 Violette Blütenfülle: Salbei, Rosmarin, Katzenminze und Lavendel locken Wildbienen an. Eisenkraut und Goldlack liefern Schmetterlingen Nektar.

03

Sieben auf einen Streich: der Balkonkasten „Frankfurter Grüne Soße“

KRÄUTER-GOURMETBALKON

Frische Kräuter sind aus der Küche kaum noch wegzudenken. Und fast alle eignen sich bestens für eine Topf- oder Kübelbepflanzung. Einige wachsen hier sogar besser als direkt im Boden.

Voraussetzung ist ein sonniger Platz – den brauchen alle Kräuter zum Wachsen und um ihr Aroma auszubilden. Bei der Kombination verschiedener Arten ist zu beachten, dass einjährige Küchenkräuter etwas mehr Nährstoffe und auch Feuchtigkeit benötigen als mehrjährige.
Viele mehrjährige Kräuter wie Thymian wachsen in der Natur an mageren und trockenen Standorten. Überträgt man dies auf die Topfbepflanzung, bedeutet das, unbedingt für eine gute Drainage zu sorgen. Zu viel Wasser, vor allem im Winter, schadet den Gewächsen sehr. Sind ihre Wurzeln verfault, sterben sie ab. Daher ist es sinnvoll, von vornherein ein eher mageres, leicht kiesiges Substrat zu wählen. Lieber nach Bedarf eine kleine Düngezugabe machen (nie zu viel!). Verholzende Kräuter sind einmal im Jahr zurückzuschneiden, am besten im späten Frühjahr. Übrigens sind fast alle Kräuter absolute Insektenmagnete. Kräuterkübel sind eine klassische Win-win-Situation: Wir ernten die Kräuter und blütenbesuchende Insekten laben sich an den Blüten. Blüten daher nicht abschneiden!

KRÄUTER FÜR KÜBEL

BLUMENKASTEN „FRANKFURTER GRÜNE SOSSE"

Der Balkonkasten auf S. 82 ist sicher nicht nur für Liebhaber der „Grie Soß" schön und nützlich. Man kann diese Kräuter ja auch anderweitig beim Kochen einsetzen. Was allerdings die Kombination der Pflanzen sinnvoll macht, sind deren Ansprüche. Alle wollen einen etwas nährstoffreicheren Boden, am besten gute Gartenerde mit ein wenig Sand vermischt. Alle sieben Kräuter sind auf regelmäßiges Gießen angewiesen. Mehrjährig sind Sauerampfer, Pimpinelle und Schnittlauch. Die zweijährige Petersilie kann in milden Wintern auch überleben. Einjährig sind Kerbel, Borretsch und Gartenkresse – leicht selbst aus Samen zu ziehen.

Einkaufsliste

„FRANKFURTER GRÜNE SOSSE"

- ☐ 1 × Sauerampfer, *Rumex acetosa*
- ☐ 1 × Pimpinelle, *Sanguisorba minor*
- ☐ 1 × Schnittlauch, *Allium schoenoprasum*
- ☐ 1 × Petersilie, *Petroselinum crispum*
- ☐ 1 × Kerbel, *Anthriscus cerefolium*
- ☐ 1 × Borretsch, *Borago officinalis*
- ☐ 1 × Gartenkresse, *Lepidium sativum*

MOBILE KRÄUTERKISTE

Je größer ein Gefäß, desto schwerer ist es zu bewegen. Eine einfache DIY-Lösung ist, einen Kasten aus Holz zu bauen und mit Rollen zu versehen. Er sollte mindestens 80 × 40 cm groß und zudem 45 cm hoch sein. In solch einer Pflanzkiste lässt sich einiges anpflanzen. Dabei werden die verschiedenen Wuchshöhen der Kräuter aufeinander abgestimmt. Der unermüdliche Dauerblüher, das Purpur-Basilikum, steht straff aufrecht über dem Rest der Pflanzung. Leider ist es bei uns nicht winterhart. Dafür wächst es, im Frühling gepflanzt, in kürzester Zeit zu einem stattlichen Busch heran. Einen farblichen Kontrast bilden die gelben Blüten vom heimischen Tüpfel-Johanniskraut. Diese altbekannte Heilpflanze blüht ausgesprochen lange. Über den Rand hängen weißbelaubter Gewürz-Thymian und Kriechender Rosmarin (nicht völlig winterhart). Wer Lust hat, kann noch eine Winter-Heckenzwiebel hinzunehmen. Sie benötigt mit ihren aufrechten, langen Blättern zunächst fast keinen Platz. Nach Jahren bildet sie dichte Bestände.

Einkaufsliste

MOBILE KRÄUTERKISTE

- ☐ 1 × Purpur-Basilikum, *Ocimum canum × basilicum*
- ☐ 1 × Tüpfel-Johanniskraut, *Hypericum perforatum*
- ☐ 1 × Kriechender Rosmarin, *Rosmarinus officinalis* 'Repandus'
- ☐ 1 × Weißbunter Gewürz-Thymian *Thymus vulgaris* 'Silverpoesie'
- ☐ 1 × Winter-Heckenzwiebel, *Allium fistulosum*

Die Pflanzen in dieser Kiste werden unseren Kräuterspeiseplan bestens ergänzen, und auch den von Bienen.

KRÄUTERKÜBEL ZUM NACHPFLANZEN

Bunt und essbar

Immergrüne Zinkwanne

Stylish, praktisch, farbenprächtig

01

1 **SCHNITTLAUCH,** *Allium schoenoprasum*
1 **WEISSBUNTER TYMIAN,** *Thymus vulgaris* 'Silverpoesie'
1 **YSOP,** *Hyssopus officinalis*
1 **GROSSE KAPUZINERKRESSE,** *Tropaeolum majus,* z. B. 'Sangria'

02

1 **BREITBLÄTTRIGER GEWÜRZ-SALBEI,** *Salvia officinalis* 'Berggarten'
1 **GELBBUNTER GEWÜRZ-SALBEI,** *Salvia officinalis* 'Icterina'
1 **KLEINE FEDER-NELKE,** *Dianthus plumarius* 'Nanus Sweetness'
1 **KLEINER GEWÜRZ-THYMIAN,** *Thymus vulgaris* 'Compactus'
1 **DUFT-POLSTER-THYMIAN,** *Thymus*-Hybride 'Duftkissen'
1 **ZWERG-BERG-BOHNENKRAUT,** *Satureja montana* ssp. *illyrica*

03

Pro Gefäß:
1 **ROSMARIN-HOCHSTÄMMCHEN,** *Rosmarinus officinalis*
1 **KRIECHENDER ROSMARIN,** *Rosmarinus officinalis* 'Repandus'
1 **ZITRONEN-MELISSE,** *Melissa officinalis*
1 **KRAUSE PETERSILIE,** *Petroselinum crispum*
1 **GEWÜRZ-SALBEI,** *Salvia officinalis*

BUNT UND ESSBAR

Alle Pflanzen in dem großen Terrakotta-Topf (01) sind essbar, auch die Blüten der Kapuzinerkresse. Das weißbunte Laub des leicht über den Topfrand hängenden Thymians macht sich schön im Kontrast zu den größeren, grünen Blättern der Kapuzinerkresse. Eine vertikale Struktur bringt der Schnittlauch, und im Hintergrund wächst die höchste Art: Ysop. Die Mehrjährigen – Thymian, Schnittlauch und Ysop – lieben einen tendenziell mageren Boden, wohingegen die einjährige Kapuzinerkresse etwas mehr Nährstoffe möchte. Man gibt ihr beim Pflanzen gezielt etwas Kompost ins Pflanzloch. Man kann die Kapuzinerkresse zwischen die klassischen Kräuter aussäen, anstatt fertig Pflanzen zu setzen. Sie keimt leicht und schnell.

IMMERGRÜNE ZINKWANNE

Ein Kräuterbeet in einer Zinkwanne anzulegen, sieht schön aus und ist zudem ausgesprochen praktisch (02): Dank der Griffe kann es wunderbar versetzt werden. Aufpassen sollte man wegen der Staunässe: Löcher und Drainage am Boden sind die Voraussetzung für gutes Gelingen. Es gibt eine größere Anzahl an Sorten vom Gewürz-Salbei, manche mit großen Blättern wie 'Berggarten', mit panaschierten wie 'Icterina', roten oder länglichen. Bei allen bleiben die Blätter im Winter haften, was nicht nur ein schöner Aspekt in der trüben Jahreszeit ist, sondern uns auch für die Küche zugutekommt. Da das Kleingehölz im Laufe der Jahre recht groß werden kann, sollte es in den Hintergrund. Wird es zu mächtig für den Trog, kann man es am besten im Frühling um ca. 15 cm zurücknehmen. In der Mitte wächst die mehrjährige, robuste Feder-Nelke als Farbklecks. Ihre Blütenfarbe ist variabel. Sie duftet sehr gut, aber bitte nicht essen! Im Vordergrund, teilweise über den Rand hängend, stehen nochmals mediterrane Gewürze: zwei Thymian-Arten und das Zwerg-Berg-Bohnenkraut, welches erst später im Jahr zur Blüte kommt.

Ein blühender Ysop an einem warmen Sommertag ohne eine Biene, das gibt es fast gar nicht.

STYLISH, PRAKTISCH, FARBENPRÄCHTIG

Grüne Kräuter in roten Töpfen ergeben einen schönen Kontrast (03). Die Kunststoffbehälter haben Griffe, sind gut transportierbar und man kann sie somit leicht auch anders anordnen. Damit keine Staunässe entsteht, sind Löcher im Boden Grundvoraussetzung.

Die Rosmarin-Hochstämmchen stehen jeweils über der Kräuter-Unterpflanzung und ergeben in Reihe einen Rhythmus. In jedem Kübel wachsen Kombinationen aus halbhohen Kräutern wie Zitronen-Melisse, Gewürz-Salbei, Lavendel und Krause Petersilie. Das immergrüne, mehrjährige Gerüst bilden der Rosmarin-Hochstamm und als hängende Komponente der Kriechende Rosmarin 'Repandus'. Rosmarin ist in sehr rauen Regionen nicht ganz winterhart und sollte deshalb frostfrei überwintert werden.

Besonders ist an ihm, dass er sehr früh blüht: Schon ab März erscheinen seine hellblauen Blüten, was für bereits im Frühling fliegende Wildbienen ein oft lebensnotwendiges Nahrungsangebot darstellt.

GEMÜSE VOM BALKON

Es gibt verschiedenste Argumente, weshalb man einen Balkon nicht nur mit Blumen und Kräutern ausstatten sollte. Gemüse funktioniert gut und das unkomplizierte Ernten macht einfach Spaß.

Gemüse braucht etwas mehr Aufmerksamkeit als Stauden, aber dafür wird man mit tollen Ernten belohnt. Entscheidend für den Erfolg sind ein sonniger Platz, nährstoffreiches Substrat und ausreichend Wasser. Der Sonderstandort „Topfgarten" hat noch einen riesigen Vorteil: Die Pflanzen sind hier vor Schnecken so gut wie sicher.

PFLEGELEICHTE PFLANZEN FÜR KÜBEL

MANGOLD – VÖLLIG UNTERSCHÄTZT

In einem geräumigen Holzkasten mit kompostreichen Substrat steht Mangold genau richtig. Er wird im Frühling als kleines Pflänzchen gesetzt und schon nach zwei Monaten können ununterbrochen einzelne Blätter geerntet werden. Der Knollenfenchel mit seinen zarten Blättern macht sich als Blattkontrast ausgesprochen gut. Paprika und Tomate stehen bewusst separat: Beide Arten sind Starkzehrer und würden sich gegenseitig die Nahrung nehmen. Ab dem Spätsommer beginnt der Mangold seine Blüten zu schieben: Stehen lassen für Wildbienen und Schwebfliegen.

DER ESSBARE BALKONKASTEN

Hat man sehr wenig Platz und möchte Gemüse und Kräuter zusammenpflanzen, geht das gut mit einjährigen Gartengewürzen und kleinwüchsigem Gemüse. Denn diese haben ähnliche Ansprüche an Substrat (nährstoffreich) und Wasser (viel). Dafür zu gleichen Teilen gute Bio-Blumenerde und Kompost mischen und den Balkonkasten damit verfüllen. Koriander, Petersilie, Schnittlauch und kleinblättriges Basilikum lassen sich gut als vorgezogene Bio-Topfware setzen. Dazu passen Chili- und kompakte Tomatenpflanzen.

GEMÜSE IN LUFTIGER HÖHE

Es gibt Gemüse mit unterschiedlichsten Blättern und Früchten, ja sogar die Wuchsweisen sind ausgesprochen vielfältig. Es ist völlig richtig, auf einer Terrasse fast jeder Pflanze ihr eigenes Gefäß zuzugestehen. Die meisten Gemüsearten brauchen einfach viel Nahrung und kämen sich schnell ins Gehege. Außerdem kann man dann je nach Bedarf gezielt der einen oder anderen Art etwas organischen Dünger wie Hornmehl zuführen. Besonders viele Nährstoffe benötigen Kohlgewächse, weshalb nicht alle für den Topf geeignet sind. Gut gehen Rosenkohl, Grünkohl, Toskanischer Kohl oder der rotblättrige

Unglaublich dekorativ: eine Terrasse, nur mit Gemüse bepflanzt

Buntstieliger Mangold mit Knollenfenchel

Bis auf den Schnittlauch müssen alle Pflanzen des essbaren Balkonkastens jedes Jahr neu gesetzt werden.

Russische Blattkohl. Es gibt inzwischen unzählige Zwerg-Chili-Sorten und Zwerg-Paprika, welche aufgrund ihres kompakten Wuchses und der bunten Früchte Einzug auf Balkon und Terrasse gefunden haben. Abgesehen vom Gießaufwand sind sie recht anspruchslos. Einen tollen Sichtschutz bilden an einem Rankgerüst Stangenbohnen, von denen viele bewährte Sorten wie die gelbfruchtige Wachsbohne zum Standard-Sortiment gehören. Interessant ist die Kombination mit Zuckermais, an dem sich die Bohnen hochwinden dürfen – eine klassische Mischkultur.

Einkaufsliste

DER ESSBARE BALKONKASTEN

- ☐ 1 × Echter Koriander, *Coriandrum sativum*
- ☐ 1 × Glattblättrige Petersilie, *Petroselinum crispum*
- ☐ 1 × Schnittlauch, *Allium schoenoprasum*
- ☐ 1 × Kleinblättriges Basilikum, *Ocimum basilicum*
- ☐ 1 × Mini-Buschtomate, *Solanum lycopersicum*
- ☐ 1 × Zwerg-Chili, *Capsicum annuum*

ARBEITEN IM TOPFGARTEN

— *von Frühling bis Winter*

WAS STEHT AN IM FRÜHLING?

Wie im Garten sind auch im Topfgarten im Frühling die meisten Arbeiten zu erledigen: Pflanzungen, Ansaaten und Frühjahrspflege. Spätestens jetzt sollten wir auch Nisthilfen für Insekten platzieren.

DER START INS WILDBLUMEN-JAHR

PFLANZEN KAUFEN

Jetzt im Frühling ist der richtige Zeitpunkt, um einen Wildblumen-Balkon anzulegen. Ist die Wunsch-Pflanzliste mit insektenfreundlichen Stauden und anderen Wildpflanzen zusammengestellt, heißt es, einkaufen gehen. Getopfte, fertige Pflanzware sollte man nach Möglichkeit von einer guten biozertifizierten Gärtnerei beziehen. Dort hat man auch am ehesten die Chance, heimische Pflanzen zu bekommen. Die Erfahrung hat gezeigt, dass Stauden und auch Gehölze aus biologischem Anbau viel robuster und nicht überdüngt sind und damit nicht unnatürlich zum Schnellwachsen animiert wurden. Zudem wird in Bio-Gärtnereien schon bei der Kultur auf die Umwelt geachtet und ein nachhaltiger Anbau praktiziert. Damit sind diese Pflanzen für unsere „wilden Kübel“ die erste Wahl.

01

02

GEFÄSSE VORBEREITEN

Wir starten mit unseren – noch – leeren Gefäßen und deren Verfüllung. Neben dem Abflussloch ist die Drainageschicht einer der

03

04

wichtigsten und grundlegendsten Punkte im Topfgarten, vor allem bei größeren Gefäßen. Staunässe kann nicht nur die Wurzeln unserer Kräuter schädigen, sondern lässt auch die Behälter im Winter sprengen. Die Drainage erfolgt aus Kies, Schotter oder Blähton. Sogar Tonscherben können den Zweck erfüllen. Über die Abzugslöcher, damit diese nicht verstopfen, legt man einfach etwas größere Bruchstücke von Tontöpfen, erst dann wird mit dem Drainagematerial verfüllt. Generell gilt: Je größer das Gefäß, desto höher die Schichtstärke – allerdings auch in Abhängigkeit der späteren Bepflanzung. Eine Faustregel gibt es nicht, aber zwischen 5 und 10 cm sollte die Dränageschicht betragen. In kleinen Töpfen, die schneller austrocknen, benötigen wir keine Drainage. Je nach späterem Standort und Pflanzenzusammenstellung wählen wir das passende Substrat oder eine Mischung.

VOM RICHTIGEN EINPFLANZEN

Stauden zu pflanzen ist kein Hexenwerk. Zunächst ist die Erde um den Wurzelballen etwas zu lockern. Im Topf befindliche ungewollte Kräuter werden entfernt. Dann hebt

01 In gut sortierten Bio-Gärtnereien oder Märkten bekommen wir gesunde Staudenpflanzen.

02 In einer Anzuchtkiste werden einjährige Sommerblumen vorgezogen.

03 Nun beginnt das Insektenjahr – wir sollten den kleinen Tierchen an verschiedenen Plätzen Unterschlupfmöglichkeiten anbieten.

04 Im Frühling werden die Stauden in den Töpfen platziert und sorgfältig einpflanzt.

man im Substrat ein Loch aus und setzt die Pflanze ein wenig tiefer ein, als sie vorher im Container stand. Leicht andrücken und angießen.

STAUDEN VORZIEHEN

Anstatt fertiges Pflanzmaterial zu kaufen, kann man natürlich auch den Versuch starten, selbst Stauden zu ziehen. Die meisten Wildstauden besitzen winzige Samen und sind sogenannte Lichtkeimer. Sie wollen oben auf der Erde liegen, nicht mit Erde bedeckt werden. Wer die Möglichkeit hat, sollte als Aussaaterde Maulwurfserde nehmen. Die eignet sich als „selbstgemachte" Anzuchterde am besten, aber auch fertig gemischte ist natürlich gut. Eine Anzuchtschale oder Töpfe werden mit dem Substrat gefüllt und angefeuchtet. Darauf werden die Samen gestreut, leicht angedrückt und vorsichtig überbraust. Ab nun heißt es Geduld bewahren. Manche Stauden keimen schnell wie Margeriten, andere hingegen lassen sich monatelang Zeit, zum Beispiel Glockenblumen. Also nicht verzweifeln und im besten Fall die Schale an einem Ort draußen platzieren, wo sie nicht stört. Wichtig ist, dass die Ansaat nicht austrocknet, weshalb es sinnvoll sein kann, das Ganze eher in den Halbschatten zu stellen. Eine darüber gelegt Glasplatte macht daraus ein improvisiertes Mini-Gewächshaus. Haben sich die Keimlinge zu kleinen Pflanzen entwickelt und wird es eng im Gefäß, ist Zeit zum Vereinzeln, damit jede Pflanze mehr Platz hat. Danach dürfen und sollen sie nur noch wachsen, damit wir sie im Folgejahr in unser Balkonpflanzen-Konzept einbauen können. Auch wenn dies recht aufwändig klingt: Einfach ausprobieren, es macht Spaß und kann zu einem ganz besonderen Erfolgserlebnis werden.

Bei der Ansaat sollten die Samen je nach Pflanzenart entweder nur auf der Erde aufliegen oder mit Substrat bedeckt werden.

EINJÄHRIGE BLUMEN IM TOPF

Um mit der Vegetationsentwicklung zu gehen, ist nun der richtige Zeitpunkt einjährige Blumen anzusäen. Es gibt inzwischen schöne und insektenfreundliche Blühmischungen im Handel zu kaufen, welche sich sehr gut für Gefäße eignen. Diese muss man natürlich nicht vorziehen, sondern sie werden direkt eingesät. Dafür wird das Behältnis wie vorab beschrieben befüllt, wobei man die obersten Zentimeter mit einer Anzuchterde bedeckt. Dies ist als Start für die Winzlinge besonders günstig. Später, wenn sie sich zu kräftigen Pflanzen entwickelt haben, holen sie sich ihre Nahrung aus den weiter unten liegenden Schichten.

FRÜHJAHRSPUTZ UND FRÜHLINGSPFLEGE

VOM RICHTIGEN JÄTEN

Eigentlich benötigen „wilde Kübel" gar nicht so viel Pflege, doch im Frühling sollten wir

schon genauer hinsehen, was da so alles sprießt. In den beengten Verhältnissen kann starke Konkurrenz von ungewollten Pflanzen zum Problem bis hin zum Verlust unserer eigentlich gewünschten Pflanzen werden. Gepflanzte Stauden, gut eingewachsen, schieben nun langsam ihre Blätter durch, doch findet sich oftmals hier und dort auch anderer Aufwuchs, Keimlinge von Pflanzen unbekannter Herkunft. Manchmal kann dies sehr wohl bereichernd sein, wenn dynamische Pflänzchen heranreifen. Man denke da nur an die Spontanvegetation einer Akelei oder Königskerze. Sie suchen sich ihre Plätzchen selbst, entwickeln sich, wo es ihnen gefällt. Und letztendlich sehen sie sehr schön aus. Aber es gibt auch Pflanzen, die wir in einem eh schon kleinen Topf nicht haben wollen. Erkennt man genau, was da heranwächst, ist es natürlich am einfachsten, es gleich zu entfernen. Aber wer erkennt Keimlinge schon in dem Stadium? Was ist Unkraut und was nicht? Wenn man sich unsicher ist, behält man die Keimlinge lieber etwas länger unter Beobachtung und dann fällt die Entscheidung erst später.
Schon größere unerwünschte Kräuter, womöglich mit hartnäckigen Pfahlwurzeln, sollten schonend neben den eng anstehenden Stauden entfernt werden. Viel Platz zum Hantieren haben wir nicht; insofern ist es besser, nicht mit einer Pflanzschaufel, sondern mit einem schmalen Unkrautstecher zu arbeiten.

TÖPFE NEU ARRANGIEREN UND ERGÄNZEN

Nach der langen Winterpause können wir die Kübel teils auch neu arrangieren. Vielleicht hat sich ja das eine oder andere im vorangegangen Jahr als nicht ganz praktikabel erwiesen. Oder wir möchten gezielt den Bestand mit neuen Topfideen ergänzen, falls es Phasen im Balkon-Blütenjahr gab, wo weder für Bienen oder Schmetterlinge noch für uns ein blühendes Angebot vorhanden war.

Nach dem Jäten wird das Gefäß mit Substrat aufgefüllt und die Wurzel bedeckt.

UMTOPFEN – SELTENER IST MEHR

Das Schöne an einer nachhaltigen Trogbepflanzung mit mehrjährigen Pflanzen ist, dass man sehr selten und nur nach Bedarf umtopfen muss. Die meisten wollen und sollen sich ungestört über Jahre entwickeln. Ganz sicher ein Vorteil in punkto Arbeitserleichterung. Trotzdem gibt es Situationen, in denen ein Umtopfen nötig wird: Wenn das Gefäß für die Pflanze/n zu klein geworden ist, man vielleicht eine andere Kombination ausprobieren möchte oder das Gewächs zu mickern beginnt. Die beste Zeit zum Umtopfen für Stauden ist das Frühjahr, da sie jetzt noch nicht stark ausgetrieben haben.
So geht's: Die Pflanze wird vorsichtig aus dem Topf gehoben und alte Erde entweder durch Auslockern und Ausschütteln von den Wurzeln soweit möglich entfernt. Die Wurzeln werden etwas zurückgeschnitten, dann kann man die Pflanze etwas einkürzen und alles in den neu vorbereiteten Topf setzen. Leicht andrücken und angießen. Fertig!

SAATGUT SELBST ERNTEN

Wildpflanzen haben einen hohen ökologischen Nutzen. Sie werden von vielen Insekten besucht, welche an deren Blüten Nektar oder Pollen sammeln. Dabei werden sie bestäubt und es bilden sich Samen. Es ist einen Versuch wert, anstatt vorgezogener Gewächse oder fertigem Saatgut, selbst Samen zu ernten und diese dann in Kübeln zur Anzucht auszuprobieren. Das ist 100 % natürlich und nachhaltig, ohne Konsum, ohne Chemie – und wir fördern den Nahrungskreislauf.

WO UND WANN ERNTE ICH SAATGUT?

Damit dies zu einem erfolgreichen Unternehmen wird, sollten wir das Saatgut von Pflanzen gewinnen, welche später auch im Kübel zurechtkommen. Dazu können wir uns beispielsweise an besonders trockenen Naturstandorten umsehen, wie einer Magerwiese oder felsigem Gelände. Übrigens ist außer in Naturschutzgebieten das Sammeln von Samen generell erlaubt. Besser ist es allerdings gleich in Gärten zu sammeln, doch selbst auf Stadtbrachen kann man fündig werden. Hier sind Stauden sogar schon ans warme Stadtklima angepasst. Und selbstverständlich sind auch existierende Wild-Kübelbepflanzungen ein Sammelplatz. Da wissen wir schon, dass es wohl funktioniert.
Die beste Zeit zum Sammeln beginnt im Frühsommer und endet im Herbst. Entweder man schüttelt die reifen Samen aus den Kapseln vorsichtig heraus, oder man pflückt einen noch nicht komplett ausgereiften Sa-

Größere Samen bzw. Samenstände werden einfach mit der Hand abgezupft und nachgetrocknet.

menstand ab und lässt diesen dann zu Hause fertig austrocknen. Jetzt kann man schon beginnen, das Saatgut anzusäen. Die Vorgehensweise wurde auf S. 92 bereits erläutert. Gute Aussaattermine sind entweder im Frühjahr oder – noch besser – im Spätsommer, wobei viele Arten dann erst im Frühling darauf keimen. Bei den meisten Stauden muss man etwas Geduld mitbringen. Mit der Zeit werden die Pflanzen ausbüxen, sich selbst versamen und beginnen zu vagabundieren. So werden wir sie mit der Zeit in anderen Töpfen entdecken, oder auch mal in Plattenfugen oder Ritzen.
Bevor wir aber endgültig loslegen, sollten wir vorher die Pflanze bestimmen und deren Wuchseigenschaften in Erfahrung bringen. Es wäre nicht das erste Mal, dass sich Hobbygärtner etwas „eingefangen" haben, was sie nicht mehr loswerden. Also genau hinsehen, ob die Pflanze invasiv werden kann oder zum Wuchern neigt. Von diesen Gesellen sollten wir unbedingt die Finger lassen.
Neben der Möglichkeit, die Sämlinge separat hochzuziehen, kann man Samen auch einfach zwischen schon Vorhandenes in die Töpfe streuen. Entweder es geht oder nicht. Wir können nur gewinnen!

Oft fallen Samen leicht aus den Kapseln. In ein Papiertütchen lassen sich die Samenkapseln hineinschütteln.

Noch nicht ganz reife Samenstände der Akelei liegen zum Nachtrocknen in einer Schale.

☞ GUT ZU ERNTENDE WILDSTAUDEN FÜR TÖPFE – UND WO WIR SIE FINDEN

PFLANZE	MAGERWIESE	RUDERAL-FLÄCHEN	HALBSCHAT-TIGE SÄUME
FÄRBERKAMILLE *Anthemis tinctoria*		●	
AKELEI *Aquilegia vulgaris*			●
RUNDBLÄTTRIGE GLOCKENBLUME *Campanula rotundifolia*	●		
KARTÄUSER-NELKE *Dianthus carthusianorum*	●		
NATTERNKOPF *Echium vulgare*		●	
NACHTVIOLE *Hesperis matronalis*			●
MARGERITE *Leucanthemum vulgare*	●	●	
SILBERBLATT *Lunaria* spec.			●
WIESEN-SALBEI *Salvia pratensis*	●		
KÖNIGSKERZE *Verbascum* spec.		●	

WAS STEHT AN IM SOMMER?

Denken wir an heiße Tage fällt uns gleich das Thema Gießen ein. Die gute Nachricht: Im wilden Kübelgarten wird weniger gegossen als in herkömmlichen Topfgärten! Aber es warten noch andere Aufgaben.

DÜNGEN, ABER MIT BEDACHT!

Bevor es in den Hochsommer geht, sollten wir die eine oder andere Topfpflanze düngen. Vorsicht bei Wildstauden und Kräutern für sonnige, heiße Standorte. Ihre Naturstandorte sind oft magere, steinige Böden. Diese Pflanzen benötigen also von Natur aus wenig Nährstoffe. Würden wir ihnen zu viel zufügen, würden sie schnell wachsen und mastig werden, was sie dann leicht umknicken und sogar krank werden lässt. Diesen Hungerkünstlern sollten wir nur alle zwei bis drei Jahre etwas „Futter" geben.
Anders sieht es bei Schattenstauden aus: Sie bevorzugen grundsätzlich einen humoseren Boden und benötigen daher in ihrem knappen Wuchsraum öfters eine Düngerzugabe. Erreicht unsere Topfbepflanzung nicht mehr die Größe, welche sie einst hatte und treten Mangelerscheinungen wie gelbe Blätter auf, ist es an der Zeit zu düngen. Wir müssen beobachten und entscheiden, was zu tun ist. Es gibt verschiedene Möglichkeiten einer Düngung, welche für Wildstauden und -gehölze geeignet sind.

KRÄUTERJAUCHE

Kräuterjauchen sind gute Stärkungsmittel für Pflanzen. Dafür werden in einem Eimer etwa 1 kg frische, grob zerkleinerte Brennnessel- oder Beinwellblätter (S. 96) mit 10 l Regenwasser angesetzt und abgedeckt. Ab und zu umrühren. Nach ca. 14 Tagen ist die Jauche fertig und kann verdünnt mit der fünffachen Menge Wasser als Flüssigdünger ausgebracht werden.

KOMPOST

Hierzu wird im zeitigen Sommer über das alte, schon verbrauchte Substrat und vorsichtig um die Pflanzen herum, bevor diese zu groß sind oder schon zu weit ausgetrieben haben, eine Schicht Kompost ausgebracht. Je nach Art und Ansprüchen der Pflanzen sollte diese Schicht zwischen 1 und 5 cm betragen. Dies hat zudem den Vorteil, dass damit Setzungen in Töpfen, vor allem in denen unserer Schattenpflanzen, ausgeglichen werden.

Naturdünger: Hornspäne und Guano

Damit wir uns aber keine potenziell im Kompost enthaltenen Pilzkrankheiten oder Samenunkräuter einfangen, welche im Kübel keimen könnten, ist es sinnvoll, das Substrat zu sterilisieren. Dies kann man ganz einfach in der Mikrowelle oder im Backofen bei ca. 80 °C machen. Eine weitere Möglichkeit der thermischen Erdbehandlung ist, die Komposterde in einen schwarzen Foliensack zu füllen und für einige Tage in die volle Sonne legen. Der Inhalt erhitzt sich schnell von selbst.

FERTIGDÜNGER

Am besten eignen sich Hornspäne, welche sich langsam zersetzen und somit als Langzeitdünger wirken. Wer das Gefühl hat, die Pflanzen bräuchten schnell Nahrung, der greife zu Hornmehl.

DER BESTE ZEITPUNKT

Gedüngt werden sollte immer bei bedecktem Himmel, nie in voller Sonne und einer Hitzewelle. Am besten kurz vor einem angekündigtem Landregen. Dann entfällt nämlich das Gießen, die Natur übernimmt für uns diesen Arbeitsschritt. Eine günstige Zeitspanne für die Düngung ist vom späten Frühling bis in den zeitigen Sommer. Später macht es keinen Sinn mehr, da sich die Pflanzen dann schon langsam auf dem Rückzug befinden. Damit würden wir nur das Gegenteil erreichen: nochmals ein Wachstum anregen, was vor dem Winter vor allem bei Gehölzen den Garaus bedeuten könnte.

STAUDEN, DIE NACH DEM SOMMERSCHNITT NOCH EINMAL BLÜHEN

— Akelei, *Aquilegia*
— Bergminze, *Calamintha*
— Flockenblume, *Centaurea*
— Rittersporn, *Delphinium*
— Schleierkraut, *Gypsophila*
— Knautie, *Knautia*
— Wiesenmargerite, *Leucanthemum*
— Katzenminze, *Nepeta*
— Hain- und Wiesen-Salbei, *Salvia*
— Skabiose, *Scabiosa*
— Ehrenpreis, *Veronica*

MEHR UND SPÄTERE BLÜTEN

Hohe Stauden wie Phlox oder Astern können im Mai um etwa ein Drittel zurückgeschnitten werden. Dabei entwickeln sie viele neue Seitenknospen mit neuen Blütentrieben und wir verzögern ihren Blühtermin künstlich etwas nach hinten. Zudem zeichnen sich die nun etwas kürzeren Stängel durch eine höhere Standfestigkeit aus, was in einem Pflanzgefäß entscheidend ist.

DER SOMMERSCHNITT

Eigentlich gibt es während der Sommermonate nicht allzu viel Arbeit mit mehrjährigen Topfpflanzen. Aber es blühen eben

Skabiosen blühen gut nach, wenn Verblühtes entfernt wird.

Nach der Blüte wird Lavendel zurückgeschnitten.

Wasserstelle zwischen Bepflanzung platziert

nicht alle Stauden im Hochsommer, viele heimische Staudenarten sind jetzt schon wieder (fast) verblüht. Aber vor allem diejenigen, die wir in Wiesengesellschaften finden, haben eine Eigenschaft, welche wir uns zu Nutze machen können, nämlich die der Nachblüte. Wiesenkräuter sind gut schnittverträglich, sonst wären sie dort auch nicht zu finden. Vor allem wenn noch ein paar nette Blüten vorhanden sind, fällt es einem jedoch manchmal schon schwer, eine Staude zum richtigen Zeitpunkt radikal (5 bis 10 cm über dem Boden) zurückzuschneiden, einen sogenannten Remontierschnitt vorzunehmen. Aber es macht Sinn. Denn damit regen wir einen erneuten Wuchsschub und auch eine neue Blütenbildung an. Da sich der zweite Blütenflor erst nach etwa zwei Monaten ausbildet, sollte der Schnitt spätestens Anfang Juli erfolgt sein. Somit hat die Pflanze bis September – der späteste Blühtermin – genügend Zeit für einen erneuten Blütenansatz. Ein Sommerschnitt verlängert somit nicht nur auf unserem Balkon die Blumensaison, sondern sorgt auch für das wichtige späte Blüh- und Nahrungsangebot für Insekten.

Lavendel sollte auch im Sommer, nach seiner Blüte, geschnitten werden. Dann hat er nochmals die Möglichkeit, neue Triebe zu bilden und somit abgehärtet später durch den Winter zu kommen. Er ist eigentlich ein Halbstrauch – damit er seine kompakte Form beibehält, ist das Einkürzen sehr wichtig. Sonst kahlt er im Laufe der Jahre stark aus und wird unansehnlich. Beim Schneiden sollte man deshalb nicht zimperlich sein, man kann gut und gerne zwei Drittel wegnehmen. Eine Nachblüte wie bei Stauden erfolgt allerdings nicht.
Auch Rosmarin sollte im Sommer etwas eingekürzt werden, aber auf keinen Fall so stark wie Lavendel. Oft genügt es die Spitzen etwas abzuschneiden. Dann verzweigt er sich schön und erhält einen buschigen Wuchs.

BEWÄSSERUNG

Jeder Besitzer einer „klassischen" Balkon- oder Terrassensituation kennt das Problem: Gießen bedeutet den größten Zeitfaktor im Sommer. Im „Wilde Kübel"-Konzept ist das deutlich entspannter, aber ganz ohne Auf-

Je größer ein Gefäß, desto besser ist sein Wasserspeichervermögen.

Ressourcenschonend, günstig und für Pflanzen immer noch das Beste: Regenwasser

wand geht es hier leider auch nicht. Denn wir befinden uns immer noch an einem Sonderstandort – einem Pflanzgefäß mit begrenztem Raum. Je größer ein Gefäß ist, desto mehr Speichervolumen besitzt es. Begünstigen kann man dies noch durch Töpfe mit einem zusätzlichen Wasserreservoir. Doch das Entscheidende ist und bleibt die Auswahl der Pflanzen. Arbeiten wir mit der Natur und deren Anpassungen, werden wir uns leichter tun. Viele hitzetolerante Pflanzen wie mediterrane Kräuter haben eine besondere Verdunstungsschicht aus Wachs oder feinen Härchen – sie brauchen weniger Wasser.

Doch manche Pflanzen haben erstaunliche natürliche Regenerationskräfte. So kann es bei extremer Trockenheit passieren, dass Wildstauden sich komplett in ihre Wurzeln zurückziehen und die Blätter eingetrocknet sind. Doch kaum werden sie wieder bewässert, erwachen sie zu neuem Leben. Oder sie rollen einfach ihre Blätter zusammen. Nach etwas Wasserzufuhr stellen diese sich wieder frisch und neu auf. Das sind allerdings extreme Situationen, die es zu vermeiden gilt.

Doch nicht jeder Topfgarten liegt in der prallen Sonne. Es gibt sehr wohl auch schattige Partien, welche mit Kübeln aufgewertet werden können. Prima eignen sich hierzu Schattenstauden wie Farne oder Funkien. Da sie von Natur aus eher Waldpflanzen sind, benötigen sie neben Schatten auch eine gute Wasserversorgung. Behalten Sie diese Arten im Auge: Man sieht es ihnen gleich an, wenn sie durstig sind: Ihre Blätter erschlaffen. Doch sobald man gegossen hat, regenerieren sie sich schnell.

REGENWASSER

Am besten für Pflanzen ist natürlich Regen. Deshalb richtet man die Platzierung seiner Töpfe möglichst danach aus. Realistisch gesehen bleibt aber ein Bewässern, vor allem in den Sommermonaten, nicht aus. Deshalb ist in einem nachhaltigen Konzept Regenwasser dem Leitungswasser vorzuziehen. Denn es ist „weich“ und natürlich. Und es ist genau das, was die Gewächse sonst bekämen – und benötigen. Wenn es irgendwo also eine Möglichkeit gibt, eine Regentonne aufzustellen und Regenwasser zu sammeln, sollte das auch erfolgen. Spätestens wenn wir Gemüse anpflanzen, brauchen wir große Mengen. Neben dem nachhaltigen, ökologischen Effekt spart dies auch Kosten.

Kübel nach Bedarf, dafür aber kräftig gießen. Stets nur am Fuß der Pflanzen wässern.

Es gibt Hungerkünstler, die man nur selten gießen muss.

WIE UND WANN WIRD GEWÄSSERT?

Im Sommer sollte man immer entweder am zeitigen Morgen oder abends wässern. Mittags verdunstet das Wasser sofort, kann sogar zu Verbrennungen an den Blättern führen. Und man muss nicht unbedingt den „Fuß" einer Pflanze erwischen – Regen tröpfelt auch über das gesamte Blattwerk. Damit kann sie nicht nur über ihre Wurzeln das lebensnotwendige Nass aufnehmen, sondern auch über ihre Blattspreiten.
Nicht immer bleibt das Gießwasser im Kübel, es soll ja über das Abflussloch entweichen können. Wenn darunter kein Auffangbehältnis steht, fließt das Wasser entweder zum unterhalb liegenden Balkon oder an einer Hauswand entlang. Daher ist es ratsam, Untersetzer zu verwenden.

BEWÄSSERUNGSSYSTEME – JA ODER NEIN?

Es gibt inzwischen eine Vielzahl unterschiedlichster Systeme, um auch bei Abwesenheit die Pflanzen versorgt zu wissen – mit einer Tröpfchenbewässerung oder automatischen Bewässerungsanlage. In wilden Kübeln wachsen robuste, ausgesprochen tolerante Pflanzen. Zu viel Wasser kann sie verwöhnen, ihnen sogar schaden. Einen Totalausfall wegen Wassermangels werden wir bei robusten Stauden und Gehölzen selten erleben. Im Übrigen: Wie oft waren solche hoch-komplexen Bewässerungssysteme schon defekt oder haben verrücktgespielt?

WASSERSTELLEN FÜR TIERE

Leider werden unsere Sommer immer heißer. Zugleich verschwinden natürliche Tümpel oder Pfützen draußen in der Landschaft. Aber auch Tiere haben Durst. Deshalb sollten wir ihnen Wasserstellen auf Balkon und Terrasse anbieten. Um ein großes Besucher-Spektrum abzugreifen, ist eine Kombination aus Vogel- und Insektentränke perfekt. Dazu kann man einfach eine „normale" Vogeltränke mit unterschiedlichsten Materialien wie Steine oder Hölzer ergänzen und diese so anordnen, dass auch Wildbienen oder andere Fluginsekten gut landen und verweilen können. Der Rand der Schale darf auf keinen Fall zu steil sein, dann würde das Ganze zur Todesfalle werden. Solche Tränken werden an Hitzetagen zum Tiermagnet und man kann die Besucher wunderbar in Ruhe beobachten.

WAS STEHT AN IM HERBST?

Bei richtiger Pflanzenauswahl kann der Herbst auf dem Balkon ein richtiges Highlight sein. Jetzt haben Gräser ihren Höhepunkt und herbstblühende Stauden wie Astern oder Fetthenne bieten Schmetterlingen Nektar in Hülle und Fülle.

Falls es in unseren Töpfen alles andere als bunt und blühend zugeht, müssen wir uns dies vormerken, um im nächsten Frühling das Sortiment mit Herbstblühern zu ergänzen. Die warmen Farben des Herbstlaubes und die letzten Früchte von Kleingehölzen wie Zieräpfelchen ergänzen die Stimmung. Sie sind eine willkommene Nahrung für Vögel wie Amseln.

PFLANZUNG

Neben dem Frühling ist auch im Herbst Pflanzzeit, allen voran für Gehölze. Diese benötigen zum Anwurzeln deutlich länger und reagieren auf Trockenheit anfälliger als Stauden. Aus diesem Grund und auch im Hinblick auf sich immer stärker verschiebende Niederschläge ist für diese Pflanzengruppe der Pflanztermin im Herbst empfehlenswert. Ohne Laub verdunstet kein wertvolles Wasser – was bei einer Trogbepflanzung ein noch kostbareres Argument ist – und trotzdem entwickeln sich die Wurzeln im Topf, ohne dass wir es wahrnehmen. Zwar werden Sträucher überwiegend als Containerware angeboten, mit dem Hinweis, dass sie damit fast ganzjährig pflanzbar sind. Aber der Sonderstandort „Kübel“ bleibt und mit einer Herbstpflanzung gehen wir hier eindeutig auf Nummer Sicher.

ROSEN IM KÜBEL

Viele trauen sich nicht, Rosen im Kübel zu halten, aber sie eignen sich über viele Jahre hinweg ganz ausgezeichnet für große Töpfe. Vor allem, da sie im Hochsommer ein „Blühloch“ füllen. Es gibt sehr gute und insektenfreundliche, ungefüllt blühende Beetrosen mit hervorragender Blattgesundheit (ADR-Siegel). Diese Sorten funktionieren auf alle Fälle. Noch besser sind klein bleibende Wildrosen, welche ein sehr gutes Pollenangebot haben. Damit helfen wir zunächst Hummeln und Co., und später holen sich Vögel die Hagebutten. Da Rosen Tiefwurzler sind, sollten wir ihnen einen Topf in entsprechender Größe anbieten. Das Substrat sollte reich an Nährstoffen sein, oder man verwendet gleich eine Rosen-Erde.
Und warum erst im Herbst setzen? Wildrosen sind leider immer noch nicht im Standardangebot zu finden. Deshalb werden wir sie uns von Spezial-Rosenzüchtern als wurzelnackte Ware zusenden lassen müssen.

Gehölze werden im Herbst gepflanzt.

Wildrosen – schön im Kübel und gut für Insekten

So gelingt's: große Zwiebeln nach unten, kleine nach oben

BLUMENZWIEBELN – FÜR DEN START INS BLÜTENJAHR

Damit das Blütenjahr im Frühling gut starten kann, dürfen wir nicht vergessen, im Herbst die Zwiebeln zu setzen. Auf Staunässe reagiert diese Pflanzengruppe extrem – die Zwiebeln verfaulen. Umso mehr müssen wir hier mit einer guten Drainierung arbeiten und zusätzlich am besten noch mit einem stark kiesigen Substrat. Die meisten Wildzwiebeln kommen vom Naturstandort her aus niederschlagsarmen Regionen. Zur Topfverwendung kann man sie als reine Monokultur setzen. Das sorgt im Frühling für wunderbare Hingucker. Man sollte die Zwiebeln doppelt so tief eingraben wie sie groß sind. Nachdem sie verblüht sind, wirken sie alles andere als attraktiv. Dann muss man sie für die nächsten Monate beiseite stellen. Passt das Substrat, sind Geophyten uneingeschränkt mehrjährig. Kombinationen mit Stauden in einem gut drainierten Kübel sind eine perfekte Mischung. Zwiebeln nehmen wenig Platz ein, da sie sich dann schon wieder zurückziehen, wenn die anderen Stauden austreiben – ein perfekter Wechsel.

01

02

ALLES WINTERFEST MACHEN

Bald steht der Winter vor der Tür. Es ist nicht allzu viel zu tun mit „wilden Kübeln". Denn die meisten Pflanzen sind robust und winterhart. Insofern entfallen zeitaufwändiges und lästiges Herumschleppen schwerer Kübel in frostgeschützte Räume. Aber ein paar Dinge sind doch zu beachten, die jedoch von Region zu Region verschieden sind: Pflanzen an der Grenze zur Winterhärte wie Rosmarin oder Feigen sollten gut versorgt sein. Da reicht in den meisten Gegenden eine dicke Packung Laub oder Stroh aus. Kleinere Töpfe, welche schneller bei Kahlfrösten durchfrieren, kann man eng zusammenstellen und ebenfalls über den Winter mit organischem Material einpacken. Verwenden Sie kein Plastik, auch wenn dies zum Teil empfohlen wird. Darunter entsteht ein feuchtes Mikroklima, was Pilze fördert und somit der Pflanzengesundheit schadet. Außerdem, wenn wir schon eine plastikfreie Alternative wie Jutesäcke haben, sollten wir diese in dem Konzept „nachhaltiger Balkon" auf alle Fälle aufnehmen.

WEITERE ARBEITEN IM HERBST

Und was ist sonst noch zu erledigen? Nichts! Lehnen Sie sich zurück, erfreuen Sie sich an den schönen Samenständen einer Karde oder dem sich im Wind wiegenden, trockenen Grashalmen. Alles bleibt stehen zugunsten Früchte sammelnder Vögel, vagabundierender und versamender Pflanzen, wichtiger Überwinterungsorte für Insekten. Denn in den hohlen Stängeln vieler Stauden finden Larven einen idealen Platz, um die kalte Jahreszeit zu überstehen. Denken Sie um, machen Sie weniger und tun Sie damit Gutes!

03

04

Im Übrigen wirkt sich dies auch positiv auf die Pflanzen aus. Besonders bei Gräsern wissen wir inzwischen, dass ein Rückschnitt im Herbst Nässe in deren Wurzelballen eindringen lässt, mit dem Ergebnis, dass diese von innen heraus verfault. Lassen wir sie bis ins zeitige Frühjahr stehen, ist dies zugleich Winter- und Nässeschutz.

STRUKTUREN FÜR TIERE

ÜBERWINTERUNGSPLÄTZE

Da das „Wilde Kübel-Konzept" ganzheitliches zu sehen ist, werden auch Tiere miteinbezogen. Neben Überwinterungsplätzen wie hohlen Stängeln können speziell angefertigte Kästen für Florfliegen oder Marienkäfer aufgehängt werden. Räumen Sie nicht zu sehr auf! Übereinandergestapelte Tontöpfe und Obstkisten können Rückzugsorte für viele Tiere wie dem Tagpfauenauge, aber auch dem seltenen Siebenschläfer werden. Wie oft passiert es, dass man bei Sortieren und Ausmisten im Herbst Tiere aufschreckt. Verlegen Sie diese Arbeit besser auf das Frühjahr!

TOTHOLZ

Ein stilvolles Element für schattige Terrassen-Bereiche kann ein skurriler Ast oder eine Wurzel sein. Beide erfüllen eine Doppelfunktion. Hingucker, aber auch Totholzstruktur. Ganz ihrem Namen zum Trotz leben in solchen Hölzern viele Käfer und

01 Der Herbst bietet einige Highlights im Topfgarten. Alles stehenlassen, nichts abschneiden.

02 Herbst-Schmuck: Johanniskraut-Samenstand

03 Kleinere Kübel vor Frost schützen!

04 Überwinterungsplätze für Tiere wie Florfliegen- oder Marienkäfer-Kästen sollten nicht zu spät im Jahr angebracht werden.

deren Larven, aber auch manche Wildbiene findet dort ihre Brutröhre. Warum also nicht bei einem Herbst-Spaziergang die Augen aufhalten und nach solch einer Dekoration aus der Natur Ausschau halten? Viele Käfergenerationen auf Ihrem Balkon werden es Ihnen danken.

WILDE ECKEN

Klingt nach Unordnung, und das auf einem Balkon? Es ist aber eine Überlegung wert – zum Wohl der Tiere! Tiere suchen und benötigen Schutz, sei es im Sommer bei Hitze, bei schlechtem Wetter und starkem Regen, oder in kalten Winterwochen. Zudem brauchen sie Brut-, Nist- und Schlafplätze. Und diese können wir ihnen auch auf den beengten Verhältnissen eines Balkons anbieten, wenn wir dementsprechende Strukturen schaffen. Geben wir ihnen ein Zuhause! Belohnt werden wir mit spannenden Beobachtungserlebnissen.
Doch bevor wir aktiv etwas zusätzlich schaffen, schauen wir uns doch erst einmal um, ob wir auf unserer Terrasse durch Nichtstun" auch schon etwas erreichen. Das können in einem Eck gestapelte Tontöpfe sein, welche dort schon ewig liegen. Belassen wir es dabei! Denn sie sind hervorragende Hummel-Burgen. Oder überall fliegt Herbstlaub ein, wirbelt herum und sammelt sich dann meist in einem Eck. Nicht entsorgen, sondern einfach über den Winter liegen lassen. Dies sind wunderbare Überwinterungsplätze, zum Beispiel für Marienkäfer.

KLEINKOMPOSTER

Um die Kreisläufe auch auf einem Balkon oder Dachgarten zu erreichen, ist ein ergänzender Kompost genau das Richtige. Der beste Standort ist ein schattiges Eckchen, wo er uns nicht stört. Dort können wir Laub, Küchenabfälle und anderes organische Material entsorgen. Und keine Angst vor unangenehmen Gerüchen, wenn wir nur diese Abfälle dort unterbringen. Am Ende steht uns dafür guter Boden zur Verfügung.

ZUSÄTZLICHE STRUKTUREN: SAND UND STEINE

Über die Hälfte der heimischen Wildbienen nisten nicht in Röhren, sondern benötigen Sand und offenen Boden. Warum nicht einmal eine größere, mit Sand oder Lehm verfüllte Schale (mit Abflussloch) an einem geschützten, eher sonnigen Platz aufstellen?

Kronwicken sind doppelt nützlich: Wildbienen ernähren sich von den Blüten, Raupen von den Blättern.

Spitzwegerich ist ein wichtiges Futter für Schmetterlingsraupen und eine heimische Heilpflanze.

Etwas Chaos zum Tierwohl: Oft suchen diese sich die unmöglichsten Plätze zum Überwintern heraus.

Oder einen inzwischen nicht mehr genutzten Sandkasten stehen lassen und warten, welche Wildbiene kommt.
Mit ein wenig Fantasie und Kreativität kann man einen kleinen Steinhaufen zwischen den Töpfen arrangieren. Dieser dient als Wärmespeicher für unterschiedlichste Insekten, aber vielleicht finden sich sogar kleine Eidechsen ein. Die Steine dienen praktischerweise zudem als Umsturzsicherung für kleinere Töpfe.
Viele Balkone haben das Problem, sehr windexponiert zu sein oder einen Sichtschutz zu benötigen. Eine kleine Holzlege kann die Lösung sein. Allerdings muss sie über Jahre erhalten bleiben: Sie ist für uns Schutz, und für Wildbienen und Käfer liefert sie Baumaterial und bietet Nistplätze. Wem solch eine hölzerne Wand zu massiv ist, der kann auch nur einfach ein paar Stämme platzieren. Holz in schattigen Bereichen fördert wiederum andere Tiere.

FUTTERPFLANZEN FÜR RAUPEN

Neben Strukturen brauchen vor allem Schmetterlinge und Wildbienen Pflanzen, welche nicht unbedingt als „Schmuckstauden“ bekannt sind, sondern im Normalfall eher unter „Unkraut“ laufen. Doch finden wir unter diesen unbeliebten, eher unattraktiven Pflanzen die wichtigsten Futterpflanzen für Schmetterlingsraupen. Und nur wenn diese auch vorhanden sind, werden wir später schönen Falter beobachten können. Setzen Sie diese Wildpflanzen aber getrennt von anderen Stauden, da sie sehr dominant sein können.

BEST OF „WILDE“ FUTTERPFLANZEN

— Knoblauchsrauke, *Alliaria petiolata*
— Echtes Labkraut, *Galium verum*
— Hufeisenklee, *Hippocrepis comosa*
— Hornklee, *Lotus*-Arten
— Spitz-Wegerich, *Plantago lanceolata*
— Wiesenknopf, *Sanguisorba*
— Bunte Kronwicke, *Securigera varia*
— Löwenzahn, *Taraxacum officinale*
— Große Brennnessel, *Urtica dioica*
— Vogelwicke, *Vicia cracca*
— Gräser wie Schaf-Schwingel, Aufrechte Trespe, Landreitgras

01

02

WAS STEHT AN IM WINTER?

Das Schöne an der kalten Jahreszeit ist, dass man sich nun fast genauso entspannen kann wie die Pflanzen es tun. Nur die folgenden Aspekte sollte man auf alle Fälle im Auge behalten.

WINTERSONNE UND FROSTTROCKENHEIT

Wenn das Wasser im Kübel zu Eis gefroren ist, steht es den Pflanzen nicht mehr zur Verfügung bzw. Gehölze transportieren ab einer gewissen Temperatur durch ihre Leitungsbahnen nichts mehr durch. In einem Kübel entsteht dieser Effekt früher als im normalen Gartenboden, da dieser schneller durchfriert. Etwas Abpuffern kann man dies, indem man das Gefäß gut einpackt. Trotzdem bleibt das Thema „Gießen im Winter“ bestehen. Eine etwas mildere Wetterphase sollte daher genutzt werden, um die Kübel vorsichtig mit Wasser zu versorgen.

Terrassen und Balkone sind oft der Sonne ausgesetzt, auch im Winter. Wenn Äste durch die Wintersonne erwärmt werden, ist dies für Gehölze das Zeichen „nun geht es aufwärts und das Frühjahr kommt“. Obwohl es oft nur eine kurze Zwischen-Warmwetter-Phase ist, transportieren Sträucher Wasser in die Zweige und stehen „im Saft“. Kommt dann die Kälte zurück, entstehen starke Frostschäden, die sogar zum Totalausfall führen können. Deshalb ist ein Schutz vor kräftiger Sonneneinstrahlung wichtig, beispielsweise durch ein Ballentuch aus wasser- und luftdurchlässiger Jute. Legen Sie dieses locker über Sträucher und umwickeln Sie es leicht mit einem Kokosstrick.

03

01 Im Winter werden Töpfe und Pflanzkörbe zusammengestellt, um sich gegenseitig vor der Kälte zu schützen.

02 Bevor die Frühlingszwiebeln austreiben, ist es am besten, die Stauden und Gräser bis kurz oberhalb der Erdoberfläche abzuschneiden und altes Laub vorsichtig zu entfernen.

03 Nicht vergessen, rechtzeitig ein Vogelhäuschen oder andere Vogel-Futterangebote an weitgehend wettergeschützten Plätzen aufzustellen oder aufzuhängen!

In Regionen mit hohen Schneefällen kommt noch die Schneelast hinzu. Stauden stört diese weiße Decke gar nicht, in Gegenteil: Sie ist eine natürliche Schutz- und Isolierschicht. Bei Gehölzen sieht das anders aus. Bei ihnen können Äste abbrechen. Um dies zu verhindern, sollte man aus Fichtenreisig eine Art „Schutzgerüst" bauen, welches man im späten Herbst in den Kübel steckt und zusammenbindet.

SCHNITTARBEITEN

Wenn die starken Fröste vorbei sind, ist der richtige Zeitpunkt für den Gehölzschnitt. Auf dem Balkon ist der Arbeitsgang meist überschaubar. Dieser kann bei kleinen Obst-Spalieren, Rosen oder Kletterpflanzen anfallen. Auch Kleingehölze benötigen nun einen vorsichtigen Schnitt, damit sie schön kompakt bleiben. Versäumen wir diesen, verholzen sie im Laufe der Jahre und kahlen aus. Etwas später sind die Stauden und Gräser dran, welche wir ganz bewusst im Herbst stehengelassen haben.

TIERE BEOBACHTEN

Der Winter ist die beste Jahreszeit, um Vögel zur Beobachtung direkt vor unser Fenster zu locken. Wir müssen sie nur füttern. Wer noch keine Nisthilfen für Insekten hat, der nutze jetzt die ruhige Zeit, diese zu bauen. Es gibt viele gute Anleitungen, zum Beispiel auf den Internetseiten von NABU oder LBV. Selbstgesammeltes wie markige Äste von Holunder oder hohle Stängel von Schilf sollte man gekauften Materialien als Baustoff vorziehen.

KRÄUTER-KLEINSTRÄUCHER SCHNEIDEN

Der Schnitt erfolgt ab Ende Februar, wenn keine Frostgefahr mehr besteht. Wer auf Nummer Sicher gehen möchte, schneidet erst Mitte bis Ende März.

- Ysop, *Hyssopus officinalis*
- Lavendel, *Lavandula angustifolia*
- Salbei, *Salvia officinalis*
- Berg-Bohnenkraut, *Satureja montana*
- Thymian, *Thymus vulgaris*

PORTRÄTS
— *Pflanzen für wilde Kübel*

KLEINE GEHÖLZE
— *und Blütensträucher*

Gehölze bringen das ganze Jahr über Struktur in die Kübelbepflanzung, deshalb sind sie auf keinen Fall zu vernachlässigen.

ECHTE FELSENBIRNE

— Amelanchier ovalis

Blüte Weiß, April bis Mai.
Pflanze Schöner Strauch, wird im Kübel bis zu 2 m hoch. Neben der attraktiven Blüte besticht er mit einer orangegelben Herbstfärbung und heidelbeerartigen, essbaren Beeren.
Im Topf Die Felsenbirne benötigt einen gut dimensionierten Kübel. Sie sollte sonnig bis halbschattig stehen, als Substrat eignet sich eine Mischung aus Gartenboden, Kompost und Sand. Staunässe vermeiden. Man kann sie gut mit niedrigen Stauden unterpflanzen.
Pflege Trockenheit wird gut vertragen, bei Bedarf etwas gießen. Nährstoffzugabe im Frühling mit Hornspänen. Ein Schnitt ist erst nach einigen Jahren nötig.
Ökologischer Wert Sehr gutes Pollen- und Nektarangebot für Insekten. Im Herbst werden die Früchte gerne von Vögeln gefressen.

FÄRBERGINSTER

— Genista tinctoria

Blüte Goldgelbe Blüte von Juni bis August.
Pflanze Kleinstrauch, locker aufrecht wachsend, bis zu 1 m hoch.
Im Topf Dieses wunderschöne, sommerblühende Gehölz ist ausgesprochen robust und verträgt Trockenheit. Färberginster sollte sonnig oder leicht schattig stehen. Als Substrat eignet sich eine Mischung aus Gartenboden und kiesigem Sand. Das sorgt für Durchlässigkeit. Er wirkt schön als Solitär im Topf, kann aber auch in Kombination mit Kräutern gepflanzt werden.
Pflege Eine Düngerzugabe ist nur alle paar Jahre notwendig. Ein leichter Rückschnitt nach der Blüte hält ihn kompakt im Wuchs.
Ökologischer Wert Dieser Strauch ist ein absoluter Bienenmagnet und eine wichtige Insektenweide im Spätsommer.

NIEDRIGE HECKENKIRSCHE

— *Lonicera xylosteum* 'Clavey's Dwarf'

Blüte Weiß, verblüht gelblich, Mai bis Juni.
Pflanze Dichtbuschiger, kompakter Strauch, im Kübel bis maximal 1,5 m hoch.
Im Topf Der Kleinstrauch stellt geringe Ansprüche an den Standort und wächst sowohl in der Sonne als auch im Schatten. Kalkhaltiger, humoser Boden ist zu empfehlen. Man kann ihn nur mit robusten Stauden kombinieren, da er ein dichtes Wurzelwerk hat.
Pflege Nach dem Winter mit Hornspänen düngen, alle paar Jahre Kübel mit Kompost nachfüllen. Längere Trockenperioden sind kein Problem, bei Bedarf etwas gießen.
Ökologischer Wert Waldhummeln und Bienen lieben die Blüten. Im Herbst sind die roten Beeren ein Leckerbissen für Vögel.
Bemerkungen Früchte sind für Menschen schwach giftig.

BLAURAUTE

— *Perovskia atriplicifolia* 'Blue Spire'

Blüte Dauerblüher mit violettblauen Blütenrispen von Juli bis Oktober.
Pflanze Halbstrauch mit locker bogig überhängendem Wuchs, wird nur 1 bis 1,2 m hoch. Sein silbriggraues Laub unterstützt den mediterranen Charakter.
Im Topf Die Blauraute verträgt sehr trockene Standorte. Deshalb ist sie gut geeignet für heiße und sonnige Situationen. Im Kübel benötigt sie einen gut durchlässigen und kalkhaltigen Boden. Man kann sie zusammen mit Kräutern verwenden, sie sieht aber auch schön in Einzelstellung aus.
Pflege Bei der Pflanzung sollte der Zierstrauch ca. 5 cm tiefer als im vorherigen Kübel gesetzt werden. Im Frühjahr werden alte Triebe zurückgeschnitten, nie im Herbst.
Ökologischer Wert Sehr gute Bienenweide.

KLETTERPFLANZEN
— *Mehrjähriger Wandschmuck*

Sie begrünen Hauswände und bieten Sichtschutz: Aus dem urbanen Raum sind Kletterpflanzen nicht wegzudenken.

ALPEN-WALDREBE
— Clematis alpina

Blüte Bläuliche, glockenförmige Blüten im Mai und Juni.
Pflanze Sie hat einen etwas sparrigen Wuchs und wird im Topf bis zu 2 m hoch.
Im Topf Unkompliziert wächst diese wilde, frostharte *Clematis* sowohl in der Sonne als auch im Schatten. Das Pflanzgefäß sollte mindestens 5 l Fassungsvermögen haben. Ideales Substrat ist eine Mischung aus Kompost, etwas Sand und Gartenboden. Als Ranker benötigt sie eine Kletterhilfe. Sie mit Stauden zu unterpflanzen wirkt sich positiv aus.
Pflege Die Alpen-Waldrebe benötigt nicht zwingend einen Rückschnitt, verträgt ihn jedoch gut – am besten direkt nach der Blüte. Auf genügend Feuchtigkeit und Dünger achten. Staunässe vermeiden.
Ökologischer Wert Bienenweide.

HOPFEN
— Humulus lupulus

Blüte Grün, zapfenförmig, Juni bis September.
Pflanze Hopfen gehört zu den Stauden. Der starkwüchsige Schlinger ist zweihäusig – es gibt männliche und weibliche Pflanzen. Die größeren Blüten von Kultursorten bringen nur weibliche Pflanzen hervor. Hopfen kann im Topf bis zu 6 m hoch wachsen.
Im Topf Er fühlt sich in Sonne und Halbschatten wohl. Als Substrat eignet sich feuchter, nährstoffreicher Gartenboden. Je größer der Kübel, desto besser. Hopfen wächst sehr schnell – ideal für eine rasche Begrünung.
Pflege Im Spätherbst die gesamte Pflanze zurückschneiden. Zweimal im Jahr düngen. Die Staude darf nie austrocknen und benötigt ausreichend Wasser.
Bemerkungen Junge Hopfensprosse (10 bis 25 cm) kann man wie Spargel essen.

RAMBLER-ROSE 'APPLE BLOSSOM'

— *Rosa* 'Apple Blossom'

Blüte Zartrosa, mit gelben Staubbeuteln, leicht duftend, sommerblühend.
Pflanze Diese starkwüchsige Rose mit guter Blattgesundheit ist kaum bestachelt. Sie wird in einem großen Kübel bis zu 3 m hoch.
Im Topf Alle Rosen im Kübel benötigen ein tiefes Gefäß, damit sich deren Pfahlwurzeln gut ausbilden können. Leichter Windzug und ein sonniger, niederschlagsfreier Standort verhindern Pilz-Erkrankungen. Wichtig ist ein nährstoffreiches Substrat aus Gartenboden und Kompost sowie eine Rankhilfe.
Pflege Zweimal im Jahr mit Hornspänen düngen und nach Bedarf auch mit Kompost. Der Schnitt sollte im Frühling erfolgen. Regelmäßiges Gießen ist erforderlich.
Ökologischer Wert Hummeln lieben den Pollen.

ECHTER WEIN

— *Vitis vinifera*

Blüte Grüngelb, unscheinbar, Mai bis Juni.
Pflanze Echter Wein wird bis zu 4 m hoch, wobei er gut schnittfähig ist. Die Reben benötigen einen tiefen Kübel und ein Gerüst.
Im Topf Das Substrat sollte nährstoffreich sein. Weinreben stehen gerne sonnig und geschützt. Eine südliche Hauswand ist der ideale Standort. Wegen Konkurrenz nicht unterpflanzen.
Pflege Im Winter die Veredlungsstelle mit Reisig vor Frost schützen. Der Schnitt erfolgt im Frühling und Sommer. Auf genügend Feuchtigkeit und Dünger achten.
Ökologischer Wert Sehr gute Bienenweide. Vögel lieben die Weintrauben.
Sorte Die Tafeltraube 'Gelber Augusteller' ist ganz besonders robust gegen Mehltau und anderen Pilzbefall.

PFLEGELEICHTE STAUDEN

— *für Töpfe & Kübel*

Mit blühenden Stauden werden Kübel bunt und artenreich. Zudem können wir mit ihnen Insekten vor unserer Haustür helfen.

ZIERLICHER FRAUENMANTEL

— Alchemilla epipsila

Blüte Grünlich-gelb, Mai bis Juli.
Pflanze Kompakte Blattschmuckstaude, 20 bis 30 cm hoch, funktioniert als Solitär, aber auch in Kombination mit anderen Stauden.
Im Topf Halbschattiger Platz. Als Substrat eignet sich nährstoffreiche Gartenerde, mit etwas Sand vermischt.
Pflege Der Boden darf nicht austrocknen, zudem sollte im zeitigen Frühling eine Kompostschicht aufgelegt werden. Nach der Blüte die gesamte Pflanze zurückschneiden. Das verhindert starke Versamung und fördert einen frischen, grünen Neuaustrieb der Blätter.
Ökologischer Wert Falterraupen nutzen ihn als Futterpflanze.
Weitere Art Der Weiche Frauenmantel *(Alchemilla mollis)* wird etwas größer.

GEWÖHNLICHE AKELEI

— Aquilegia vulgaris

Blüte Violettblau, Mai bis Juni.
Pflanze Kurzlebige Staude, die sich versamt und vagabundiert, 50 bis 60 cm hoch. Mit der Zeit taucht sie auch in anderen Töpfen auf.
Im Topf Die Akelei bietet im frühsommerlichen Topfgarten alles, was man möchte: Sie ist gesund und blüht zuverlässig. Das Substrat sollte humos sein. Der Topf kann in der Sonne als auch im Halbschatten stehen, solange die Erde nicht austrocknet.
Pflege Samenstände stehen lassen, erst im Spätherbst entfernen.
Ökologischer Wert Hummelmagnet.
Weitere Arten Es gibt unterschiedlichste Arten mit ähnlichen Ansprüchen, die sich gut in Töpfen machen, beispielsweise die zierliche Zwerg-Akelei *(Aquilegia flabellata)*.

GRASNELKE

— Armeria maritima

Blüte Strahlend pinkrot, Mai bis Juli.
Pflanze Kompakte Staude mit grasartigen, immergrünen Blättern und einer Pfahlwurzel, 10 bis 20 cm hoch.
Im Topf In gut durchlässigem, nährstoffarmem Substrat an vollsonnigen Plätzen sind Grasnelken langlebig und unkompliziert. Da sie immergrün sind, machen sie sich gut als Solitäre in auffälligen, nicht zu flachen Gefäßen.
Pflege Obwohl sie Hungerkünstler sind, sollten sie im Herbst mit Hornspäne leicht gedüngt werden. Manchmal kahlen Grasnelken von innen heraus aus. Dann ist meist das Substrat nicht durchlässig genug.
Ökologischer Wert Hummeln, Wildbienen und Schmetterlinge schätzen ihren Nektar.
Sorte 'Düsseldorfer Stolz'.

GOLDHAAR-ASTER

— Aster linosyris

Blüte Goldgelb, August bis Oktober: wichtiger Herbstblüher.
Pflanze Staude mit horstig-buschigem Wuchs, 50 bis 60 cm hoch.
Im Topf Die Goldhaar-Aster möchte einen vollsonnigen Standort und ein durchlässig, kiesiges Substrat. Mit ihren nadelartigen Blättern und guter Standstärke ist sie eine attraktive Strukturpflanze für eine gemischte Pflanzung in größeren Gefäßen. Sie benötigt eine Unterpflanzung.
Pflege Trockenheit wird gut vertragen. Ein Rückschnitt der Stängel sollte erst im Frühling erfolgen, da sie wollige Samenstände hat.
Ökologischer Wert Wichtige spät blühende, heimische Bienenweide. Ihre hohlen Stängel dienen als Überwinterung, und die Samenstände werden von Vögeln gesammelt.

KLEINBLÜTIGE BERG-MINZE

— Calamintha nepata

Blüte Blauviolett, Juni bis August, nach Rückschnitt Nachblüte im September.
Pflanze Diese nach Minze duftende Wildstaude bildet einen Horst, samt sich aber auch gerne aus. Sie wird bis zu 40 cm hoch. Ihre früh austreibenden Blätter zieren zeitig.
Im Topf Sie wirkt im Kübel als Solitär, eignet sich aber auch als Farbgeber zwischen anderen wärmeliebenden Pflanzen. Sie mag sonnige Plätze und mageres Substrat.
Pflege Geringer Wasserbedarf. Ein Rückschnitt nach der ersten Blüte fördert eine Nachblüte. Zweiter Schnitt erst im Frühling.
Ökologischer Wert Sie ist ein absoluter Wildbienen-Magnet. Die Samen werden von Vögeln gefressen.
Sorte 'Blue Cloud' ist nicht ganz so stark versamend wie die reine Wildform.

TEPPICH-GLOCKENBLUME

— Campanula portenschlagiana

Blüte Violetter Dauerblüher, Juni bis September.
Pflanze Ausläuferbildend Staude mit teppichartigem Wuchs, 10 bis 15 cm hoch.
Im Topf Ideal ist ein sonniger Platz, aber Halbschatten wird auch vertragen. Durchlässiges, aber nährstoffhaltiges Substrat verwenden. Mit ihrem überhängenden Wuchs ist sie bestens für eine Randbepflanzung geeignet.
Pflege Sie sollte nicht zu stark austrocknen und kontrolliert gegossen werden. Eine jährliche Kompostzugabe im sehr zeitigen Frühling, bevor die ersten Blätter treiben, ist sinnvoll. Wegen ihrer Starkwüchsigkeit kann sie alle paar Jahre im Frühling geteilt werden.
Ökologischer Wert Mittlere Pollen- und Nektarwert für Bienen. Die Blüten bilden einen Regenschutz für Wildbienen.

Checkliste

BLÜTENTEPPICHE FÜR KÜBEL

- ☐ Kriechender Günsel *Ajuga reptans*
- ☐ Katzenpfötchen *Antennaria dioica*
- ☐ Gewöhnliche Kugelblume *Globularia punctata*
- ☐ Kleines Habichtskraut *Hieracium pilosella*
- ☐ Hornklee *Lotus corniculatus*
- ☐ Frühlings-Fingerkraut *Potentilla neumanniana*

RUNDBLÄTTRIGE GLOCKENBLUME

— Campanula rotundifolia

Blüte Blauviolette Blüten von Mai bis Oktober, Dauerblüher.
Pflanze Starkwüchsige, bodendeckende Staude, die sich durch Ausläufer ausbreitet und gut versamt (Vagabund), 10 bis 30 cm hoch.
Im Topf Benötigt einen sonnigen Standort und durchlässige, kiesige, nährstoffarme Erde. Gut als Unterpflanzung geeignet, aber auch als Einzelart in kleinen Töpfen oder Kästen.
Pflege Trockenheit wird vertragen, bei Bedarf etwas gießen. Nährstoffzugabe alle paar Jahre durch eine feine Kompostschicht im Frühling. Rückschnitt der Staude erst nach dem Winter.
Ökologischer Wert Sehr gute Pollenpflanze für Wildbienen. Ihre Blüten sind Schlafplätze für unterschiedlichste Insekten und ihr Laub Futter für Schmetterlingsraupen.

MAUER-ZIMBELKRAUT

— Cymbalaria muralis

Blüte Hellviolett, lange Blütezeit von Juni bis September.
Pflanze Staude mit überhängendem Wuchs und wintergrünem Blatt, 10 cm hoch.
Im Topf Zimbelkraut benötigt ein kiesig-durchlässiges, aber nährstoffreiches Substrat. Der Standort darf sonnig bis halbschattig sein, solange es genügend Wasser erhält. Die wunderbare mehrjährige Hängepflanze ist bestens als Randbepflanzung geeignet.
Pflege Falls es aus der Form gerät, kann man es nach der Blüte etwas zurückschneiden. Hornmehl im Frühling fördert den Wuchs.
Ökologischer Wert Als heimische Wildstaude ist das Zimbelkraut eine beliebte Wildbienenweide.
Bemerkungen Neben der Art mit hellvioletten Blüten gibt es auch eine reinweiße Form.

SPANISCHES GÄNSEBLÜMCHEN

— Erigeron karvinskianus

Blüte Weiß, im Abblühen rosa, Dauerblüher von Juni bis September.
Pflanze Mattenbildende Staude mit filigranem Wuchs, 20 bis 30 cm hoch.
Im Topf Das reizende Spanische Gänseblümchen wirkt wunderbar als Einzelpflanze im Topf oder Balkonkasten, funktioniert aber auch als Unterpflanzung. Das Substrat sollte nährstoffreich und leicht sandig-durchlässig sein. Wichtig ist ein warmer, vollsonniger Platz mit guter Bodenfeuchte. In Regionen mit starken Frösten ist es nicht ausdauernd.
Pflege Da es nicht sehr langlebig ist, sich allerdings gut versamt, sollten die Blüten unbedingt stehen bleiben. Vorsichtig im Frühsommer zurückschneiden, dann kommt es zur Nachblüte.
Ökologischer Wert Insektenweide.

PRACHTKERZE

— Gaura lindheimeri

Blüte Grazile weiße, zartrosa überzogene Blüten, von Juni bis September.
Pflanze Kurzlebige, aber ausgesprochen prachtvolle Staude. Sie wächst schnell und wird 60 bis 100 cm hoch.
Im Topf Dieser wunderschöne Dauerblüher benötigt einen sonnigen Standort, er verträgt auch Hitze. Das Substrat sollte durchlässig, sandig-kiesig und nicht zu nährstoffreich sein. Dank seiner langanhaltenden Blütenpracht ist er für viele Pflanzgefäße geeignet – sowohl alleine als auch in Kombination.
Pflege Keine Düngung erforderlich. Wegen ihrer Kurzlebigkeit muss sich die Prachtkerze versamen können. Deshalb Blütenstände stehen lassen und erst im zeitigen F rühling entfernen.
Ökologischer Wert Insektenweide.

Checkliste

ÜPPIG BLÜHENDE INSEKTENMAGNETE

- ☐ Blaunessel *Agastache Rugosa*-Hybride 'Blue Fortune'
- ☐ Natternkopf *Echium vulgare*
- ☐ Quirlblütiger Salbei *Salvia verticillata*
- ☐ Hohe Fetthenne *Sedum Telephium*-Hybride 'Herbstfreude'

BLUT-STORCHSCHNABEL

— Geranium sanguineum

Blüte Leuchtend-purpur, Juni bis August.
Pflanze Heimische Staude mit Ausbreitungsdrang, 25 bis 40 cm.
Im Topf Die unkomplizierte Staude benötigt einen sonnigen Standort, das Substrat im Topf sollte durchlässig, sandig-lehmig und eher trocken sein – damit ist sie für heiße Bereiche geeignet. Sie wirkt sehr gut alleine in einem Kübel, als Partner kommen nur kräftige Pflanzen wie Gehölze infrage. Im Herbst erhalten die Blätter eine rote Färbung.
Pflege Wenig Wasserbedarf, ein kompletter Rückschnitt nach der Blüte regt einen Neuaustrieb an. Zweiter Schnitt im Frühling. Leichte Kompostauflage vor dem Austrieb.
Ökologischer Wert Gutes Nektar- und Pollenangebot für Wildbienen und Schmetterlinge.

POLSTER-SCHLEIERKRAUT

— Gypsophila repens

Blüte Weiß, ungefüllt, Mai bis Juli.
Pflanze Heimische Staude, 10 cm hoch.
Im Topf Die trockenheitsliebende Staude braucht ein durchlässiges, leicht sandiges Substrat und einen vollsonnigen Standort. Staunässe ist unbedingt zu vermeiden. Die Pflanze kann solitär stehen, wirkt aber auch schön in Kombination mit anderen trockenheitsliebenden Gewächsen wie Lavendel oder Gräsern. Die zarten Blüten stehen in einem schönen Kontrast zu anderen Pflanzen.
Pflege Behutsamer Rückschnitt im zeitigen Frühjahr.
Ökologischer Wert Insektenweide.
Bemerkung Als farbliche Alternative gibt es die dunkelrosa blühende Sorte 'Rosea'. Auch diese wirkt sehr natürlich und bringt dieselben robusten Eigenschaften mit.

KLEINE SCHLEIFENBLUME

— Iberis sempervirens

Blüte Weiße Blüten in Massen, April bis Mai.
Pflanze Immergrüne Staude mit sehr dichtem Wuchs, 15 bis 20 cm hoch – wunderschöner, unkomplizierter Bodendecker für Unterpflanzungen.
Im Topf Sonniger bis leicht schattiger Standort mit durchlässigem, kalkreichem, kiesig-sandigem Substrat. Wegen ihres immergrünen, dichten Polsters ist sie das ganze Jahr über attraktiv und dank ihrer Anspruchslosigkeit ist sie auch für Mini-Gefäße oder kleine Steintröge geeignet.
Pflege Nur bei Bedarf etwas gießen, kurze Trockenperioden übersteht sie recht gut. Sonst ist keinerlei Pflege oder Düngung notwendig.
Ökologischer Wert Schwebfliegen laben sich am Nektar.

PURPUR-LEINKRAUT

— Linaria purpurea

Blüte Purpurviolett, von Juli bis Oktober.
Pflanze Dieses aus dem mediterranen Bereich stammende Leinkraut vermehrt sich durch schwache Ausläufer, aber auch durch Versamung. Blütenstände werden bis zu 60 cm hoch.
Im Topf Als südländische Staude benötigt es einen sonnigen Standort. Trotzdem ist es ausgesprochen winterhart. Allerdings reagiert es auf Staunässe empfindlich. Es passt gut in natürliche Topf-Situationen mit Gräsern oder Kräutern. Hat es sich etabliert, wird es sich durch Aussaat auch in anderen Gefäßen seinen Platz suchen.
Pflege Weder Gießen noch Düngen ist nötig. Samenstände rechtzeitig entfernen, falls die Versamung lästig wird.
Ökologischer Wert Wildbienen lieben sie.

Checkliste

DAUERHAFTE SONNENANBETER FÜR TÖPFE

- ☐ Teppich-Schafgarbe *Achillea tomentosa* 'Aurea'
- ☐ Alpen-Steinquendel *Acinos alpinus*
- ☐ Färberkamille *Anthemis tinctoria*
- ☐ Currykraut *Helichrysum italicum*
- ☐ Polster-Seifenkraut *Saponaria ocymoides*

STRAUSSENFARN

— *Matteuccia struthiopteris*

Pflanze Dieser beeindruckende heimische Farn entwickelt starke Ausläufer. Im Topf wird er 80 bis 120 cm hoch.
Im Topf Farne sind für den Schattenbereich wundervolle Strukturpflanzen. Der Straußenfarn gehört zu den unkompliziertesten Arten und wirkt dank seiner tropischen Üppigkeit. Er liebt einen schattigen, kühl-feuchten Standort. Zudem möchte er wie viele Schattenpflanzen einen humosen Boden und Nährstoffe. Farne sollten solitär gesetzt werden, um ihre Wirkung zu entfalten.
Pflege Der Straußenfarn benötig eine kontinuierliche Wasserzufuhr, er muss bei Bedarf regelmäßig gegossen werden. Zudem sollte er im Frühling mit Kompost und im Frühsommer mit Hornmehl versorgt werden. Ein Rückschnitt sollte erst im Frühling erfolgen.

KATZENMINZE

— *Nepeta × faassenii* 'Six Hills Giant'

Blüte Violettblauer Dauerblüher, Mai bis Juli, Nachblüte ab September.
Pflanze Robuste Staude mit schönem bläulichem Laub, 80 bis 90 cm hoch.
Im Topf Katzenminzen lieben warme bis heiße Standorte und durchlässige, eher nährstoffarme Böden. Sie sind als Einzelpflanzen attraktiv, da sie lange blühen, eignen sich aber auch für Kombinationen.
Pflege Wässern oder düngen ist fast nie notwendig. Gegebenenfalls kann nach ein paar Jahren etwas Hornspäne verabreicht werden. Ein kompletter Rückschnitt nach der ersten Blüte fördert die Nachblüte im Spätsommer.
Ökologischer Wert Eine der besten Insektenpflanzen. Sie hat ein reiches Angebot an Nektar, weshalb sie von Schmetterlingen, Wildbienen und Hummeln besucht wird.

HOHER STAUDEN-PHLOX

— Phlox paniculata 'Bright Eyes'

Blüte Rosa mit rotem Auge, Juli bis August.
Pflanze 60 bis 80 cm hohe, standstarke Staude, die im Laufe der Jahre immer schöner wird.
Im Topf Dieser duftende Phlox sollte immer in Kombination gesetzt werden. Insofern eignet er sich nur für große Gefäße. Er bevorzugt Halbschatten, der Boden sollte frisch-humos und durchlässig sein, eine Kompostbeigabe ist ideal. Staunässe verträgt er nicht.
Pflege Er sollte gut gegossen werden, wenn es heiß und trocken ist. Wichtig ist eine jährliche Düngerzugabe wie Hornspäne. Rückschnitt kann erst im Frühjahr erfolgen.
Ökologischer Wert Gut für Nachtfalter.
Bemerkungen Es gibt viele Sorten des Hohen Stauden-Phloxes, z. B. 'Dorffreude', 'Eva Cullum', 'Landhochzeit' oder 'Europa'.

STEPPEN-SALBEI

— Salvia nemorosa

Blüte Reinblaue Blüten, Mai bis Juni, Nachblüte im September.
Pflanze Standfeste Staude mit Blattrosetten, Blütenstände bis zu 40 cm hoch.
Im Topf Sonniger Standort mit kalk- und nährstoffreichem Substrat. Steppen-Salbei kann solitär im Topf stehen, ist aber auch schön in Kombination mit Rosen oder Purpur-Sonnenhut, die die gleichen Ansprüche haben.
Pflege Wässern nach Bedarf. Im zeitigen Frühjahr Hornspäne verabreichen. Nach der ersten Blüte komplett zurückschneiden, das fördert die Nachblüte im Spätsommer. Lässt man die Blüten stehen, können sie sich auch versamen.
Ökologischer Wert Bienenweide.
Sorten 'Blauhügel', 'Viola Klose'.

Checkliste

TOPFPFLANZEN FÜR DEN SCHATTEN

- ☐ Streifenfarn *Asplenium trichomanes*
- ☐ Gelber Lerchensporn *Corydalis lutea*
- ☐ Funkien *Hosta* in Sorten
- ☐ Weiße Taubnessel *Lamium maculatum* 'White Nancy'
- ☐ Wald-Phlox *Phlox divaricata*

PORZELLAN-BLÜMCHEN

— *Saxifraga × urbium*

Blüte Weiß bis rosa, von Mai bis Juli.
Pflanze Immergrün, mit attraktiven Blattrosetten. 10 bis 30 cm hoch. Die Blütenrispen stehen zart über der Pflanze. Breitet sich im Laufe der Zeit durch Ausläufer aus.
Im Topf Sie ist in beengten Verhältnissen ausgesprochen genügsam, benötigt aber einen eher schattigen Standort und durchlässiges, nährstoffreiches Substrat. Wegen ihres Ausbreitungsdranges sollte man sie einzeln in ein Gefäß pflanzen.
Pflege Sie darf nicht austrocknen. Ansonsten sind nur im Herbst die Blütenstände abzuschneiden.
Ökologischer Wert Hohes Nektarangebot. Bienenweide.
Bemerkungen Rispen-Steinbrech, *Saxifraga paniculata*, ist für sonnige Plätze geeignet.

GOLD-TRIPMADAM

— *Sedum reflexum* 'Angelina'

Blüte Gelbe Blüten, Juni bis August.
Pflanze Attraktive, immergrüne Sukkulente, 20 cm hoch. Die organgelbe Laubfarbe verfärbt sich bis zum Winter kupferrot.
Im Topf Für sonnige, heiße Standorte. Sie verträgt Trockenheit und ist damit perfekt für schwierige Situationen. Wichtig ist ein durchlässiges, kiesig-sandiges Substrat. Sie funktioniert wegen ihrer dauerhaften Attraktivität als Einzelpflanze wie auch in standortgerechter Kombination mit Kräutern – gerne am Rand, da sie leicht überhängt.
Pflege Passt der Standort, benötigt sie keinerlei Aufmerksamkeit.
Ökologischer Wert Wie alle *Sedum*-Arten ist sie eine wichtige Bienennährpflanze.
Bemerkungen Ihre Blätter können als scharfes Gewürz für Salate verwendet werden.

HAUSWURZ

— *Sempervivum tectorum* var. *tectorum*

Blüte Hellrot, Juni bis Juli.
Pflanze Immergrüne Sukkulente mit dickfleischigen Blättern, welche je nach Sorte sehr variabel aussehen können. 5 bis 10 cm hoch.
Im Topf Diese aparte Staude kommt mit beengten Wuchsstandorten und kaum Substrat zurecht. Hauptsache, es ist mineralisch und gut durchlässig. Sie benötigt unbedingt einen sonnigen, heißen Platz. Die Hauswurz wächst gerne alleine oder zusammen mit Artgenossen.
Pflege Wenn der Standort passt, müssen wir nichts anderes tun, als ihrem recht langsamem Wuchs zusehen.
Ökologischer Wert Insektenweide.
Weitere Arten Es gibt zahlreiche interessante Hauswurz-Arten mit unterschiedlichsten Blättern, Größen und Farben.

ZOTTIGER ZIEST

— *Stachys monnieri* 'Hummelo'

Blüte Dunkelrosa, von Juni bis August.
Pflanze Staude mit attraktiven Blattrosetten und standstarken Blütenständen, wird 40 bis 50 cm hoch.
Im Topf Ziest liebt die Sonne. Der Boden muss durchlässig, aber nährstoffreich sein. Dies erreicht man mit einer kiesigen Schicht und als Pflanzsubstrat normalem Gartenboden. Er wirkt in Kombination gut im Vordergrund oder in der Mitte von Gefäßen.
Pflege Nach Bedarf gießen, leichte Nährstoffzufuhr durch Kompost im Frühling. Blütenstände bis ins Frühjahr stehen lassen.
Ökologischer Wert Ziest zieht Bienen, Hummeln und Schmetterlinge magisch an.
Weitere Art Der heimische Ziest, die Echte Betonie (*Stachys officinalis*, syn. *Betonica officinalis*) ist sehr robust.

Checkliste

DAUERBLÜHER FÜR DEN WILDEN TOPFGARTEN

- ☐ Ästige Graslilie *Anthericum ramosum*
- ☐ Ochsenauge *Buphthalmum salicifolium*
- ☐ Spornblume *Centranthus ruber* var. *coccineus*
- ☐ Kartäuser-Nelke *Dianthus carthusianorum*
- ☐ Moschus-Malve *Malva moschata*
- ☐ Tauben-Skabiose *Scabiosa columbaria*

ÄHRIGER EHRENPREIS

— *Veronica spicata*

Blüte Blaue Blütenkerzen, Juli bis September.
Pflanze Diese Art besticht durch ihren frühen Laubaustrieb; sie bildet flache Matten und aufrechte Blütenstiele: 25 bis 40 cm hoch.
Im Topf Sie benötigt zwar nicht viel Platz, ist jedoch auch nicht sehr konkurrenzstark und sollte deshalb mit Pflanzen ähnlichen Wuchses kombiniert werden. Sonnigen Standort und ein durchlässiges, nährstoffreiches Substrat wählen.
Pflege Blüten spätestens im Frühling zurückschneiden, im Sommer gießen.
Ökologischer Wert Sie wird von Wildbienen, Hummeln und Schmetterlingen besucht.
Sorten Es gibt interessante Sorten wie den Silberpolster-Ehrenpreis 'Silberteppich' mit graufilzigen Blättern. Er verträgt etwas mehr Hitze als die reine Art.

HORN-VEILCHEN

— *Viola cornuta* 'Etain'

Blüte Hellgelbe, duftende Blüten mit violettem Rand, Dauerblüher von April bis August.
Pflanze Anders als Stiefmütterchen sind Horn-Veilchen langlebige, kleine Stauden, 20 cm hoch. Ihre Blätter sind wintergrün.
Im Topf Ein leicht sonniger bis halbschattiger Standort, der nicht zu heiß sein sollte, ist optimal. Die Staude benötigt lockere, humose, durchlässige Erde. Etwas Kompost von Beginn an ist förderlich. Substratgerecht lassen sich Horn-Veilchen bestens kombinieren, auch im Blumenkasten – hier am besten in den Vordergrund setzen.
Pflege Ohne Gießen geht es nicht. Jedes Frühjahr mit Hornspäne als Dünger versorgen. Nach der ersten Blüte ist ein Rückschnitt um die Hälfte empfehlenswert.
Ökologischer Wert Bienenweide.

ZWIEBELPFLANZEN
— *Zarte Frühlingsblüher*

Mit Frühjahrszwiebeln starten wir ins Topf-Gartenjahr. Sie erfreuen uns mit Farbe und bieten den ersten Hummeln Nahrung.

BALKAN-KROKUS
— *Crocus chrysanthus* 'Cream Beauty'

Blüte Cremegelb mit bronzegelbem Schlund, Februar bis März. Andere Sorten blühen in Weiß, Gelborange oder Weiß mit Blau.
Pflanze Dieser Wild-Krokus kann sich bei passendem Platz gut vermehren, er ist wird 5 bis 10 cm hoch und langlebig.
Im Topf Obwohl dieser robuste Krokus eigentlich sonnige Standorte bevorzugt, funktioniert er auch ausgesprochen gut in halbschattigen Bereichen. Er benötigt ein durchlässiges, nährstoffreiches Substrat. Man kann ihn vereinzelt in größere Töpfe einstreuen oder alleine als Massenpflanzung setzen.
Pflege Bis spätestens November die Zwiebeln ca. 10 cm tief setzen. Im Herbst etwas Kompost als Nährstoff geben. Laub nach der Blüte im Frühling einziehen lassen.
Ökologischer Wert Frühe Bienenweide.

NETZBLATT-IRIS
— *Iridodictyum reticulata*

Blüte Violettblau, Februar bis März.
Pflanze Zeitiger Frühjahrsgeophyt, der nach der Blüte einzieht. Wuchshöhe 15 bis 25 cm.
Im Topf Sie liebt einen sonnigen bis leicht absonnigen Standort. Im Gefäß benötigt diese Iris einen sehr durchlässigen und sommertrockenen, kalkhaltigen Boden. Deshalb ist ein Substrat aus einem Kies-Sand-Gemisch mit Kompost zu verwenden. Da sie sehr früh austreibt und auch wieder verschwindet, ist sie gut mit Kräutern, die ähnliche Ansprüche haben, kombinierbar.
Pflege Die Pflanzung erfolgt im Herbst, mindestens 10 cm tief. Hat sie einen guten Wasserabzug, ist sie sehr langlebig.
Ökologischer Wert Wichtige Bienen- und Hummelweide am Anfang der Vegetationsperiode.

DICHTER-NARZISSE

— *Narcissus poeticus* 'Actaea'

Blüte Weiß mit goldorangefarbener Krone, April, angenehmer Duft.
Pflanze Die langlebige Dichter-Narzisse treibt ab März aus und wird ca. 40 cm hoch.
Im Topf Im Gegensatz zu den meisten Zwiebelpflanzen möchte diese duftende Narzisse ein etwas nährstoffreiches Substrat. Normaler Gartenboden mit Kompost vermischt und eine Drainage ist im Kübel am besten. Lässt sich gut mit Stauden kombinieren.
Pflege Der Pflanzzeitpunt ist im Herbst, doppelt so tief wie die Größe der Zwiebel. Nach der Blüte müssen die Blätter einziehen können. Erst wenn sie trocken sind, schneidet man sie ab.
Ökologischer Wert Sehr gute Insektenweide.
Sorte 'Actaea' ist eine sehr schöne Poeticus-Auslese.

TENBY-NARZISSE

— *Narcissus pseudonarcissus* ssp. *obvallaris*

Blüte Goldgelb, März bis April.
Pflanze Diese wilde Miniatur-Narzisse blüht ausgesprochen früh, ihre Wuchshöhe liegt bei bis zu 30 cm.
Im Topf Die unkomplizierte Narzisse verträgt alles außer starkem Schatten. Am besten ist ein nicht zu heißer, etwas absonniger Standort. Auch das Substrat darf ein normaler Gartenboden sein, insofern lässt sie sich gut mit Stauden kombinieren.
Pflege Die Pflanzung erfolgt im Herbst, mindestens 15 cm tief. Die Pflanze sollte ihre Blätter nach der Blüte einziehen können – nicht abschneiden!
Ökologischer Wert Diese Narzisse wird gerne von Bienen und Hummeln besucht.
Bemerkungen Als Wildart vermehrt sie sich, was bei klassischen Osterglocken nicht erfolgt.

EINJÄHRIGE PFLANZEN
— als perfekte Ergänzung

Mit selbst gezogenen Sommerblumen wird es im Kübel richtig bunt. Sie blühen bald, sind ökologisch und kostengünstig.

BORRETSCH
— Borago officinalis

Blüte Blau, Mai bis September.
Pflanze Einjährig, 50 cm hoch.
Im Topf Borretsch liebt wie fast alle Kräuter einen sonnigen Standort. Da er im Laufe des Jahres recht mächtig wird, benötigt er viel Platz und somit ein großes Gefäß. Der Boden sollte eher nährstoffreich sein und mit Kompost versehen werden. Kommt es im Spätsommer zur Saatgutbildung, versamt sich Borretsch selbst. Er wählt sich seine Standorte selbst.
Pflege Im Frühling direkt im Topf ansäen und später vereinzeln. Immer für genügend Feuchtigkeit sorgen. Pflanze zum Blühen kommen lassen und Samen im Herbst ernten.
Ökologischer Wert Sehr gute Bienenweide.
Bemerkungen Borretsch ist ein Küchengewürz und Heilkraut. Auch die Blüten sind essbar. Sparsam verwenden.

RINGELBLUME
— Calendula officinalis

Blüte Gelb, orange, Mai bis Oktober.
Pflanze In milden Klimaten mehrjährig, sonst einjährig, 30 bis 40 cm hoch.
Im Topf Diese sonnenliebende Sommerblume wächst bestens in größeren Pflanzgefäßen, allein oder in Kombination mit Gemüse oder Beerenobst mit ähnlichen Ansprüchen. Das Substrat darf nährstoffreich sein – dazu Gartenboden und Kompost vermischen.
Pflege Im Frühling als Samen ansäen. Ringelblumen keimen zuverlässig. Passt der Standort, wachsen sie wie von selbst. Samenstände ausreifen lassen und abernten. Falls kein Bedarf an Saatgut ist, ist Verblühtes abzuschneiden, um die Bildung neuer Blüten anzuregen.
Ökologischer Wert Sehr gute Bienenweide.
Bemerkungen Ungefüllte Wildform verwenden.

KLATSCH-MOHN

— Papaver rhoeas

Blüte Rot, Mai bis Juli.
Pflanze Einjähriges Ackerwildkraut, bis zu 50 cm hoch.
Im Topf Wo es ihm gefällt, wächst er bestens. Er braucht einen sonnigen Standort. Wichtig ist ein drainiertes Substrat: Mischung aus sandigem Gartenboden und Kompost.
Pflege Im Herbst oder Frühling erfolgt die Direktansaat an Ort und Stelle – einfach zwischen andere Pflanzen locker einstreuen. Samen müssen oben auf liegen, da Mohn zu den Lichtkeimern zählt. Eventuell vereinzeln. Staunässe unbedingt vermeiden. Reifes Saatgut ausschütteln. Samenkapseln über den Winter stehen lassen.
Ökologischer Wert Die ungefüllte Wildform ist für Hummeln und Bienen wertvoll, Samen werden auch gerne von Vögeln geholt.

NELKEN-LEIMKRAUT

— Silene armeria

Blüte Pink, Mai bis September.
Pflanze Einjährig, 30 cm hoch.
Im Topf Das südeuropäische Nelken-Leimkraut ist ein wahrer Hingucker. Es liebt volle Sonne. Nur in humosem, nicht zu trockenem Boden entwickelt es seine gesunde Größe. Eine Mischung aus sandigem Gartenboden und Kompost ist perfekt. Nelken-Leimkraut sieht hübsch eingestreut in einer Pflanzung aus, aber am besten ist seine dauerblühende Wirkung allein in einem Topf.
Pflege Im Frühling direkt im Topf ansäen. Samen sollten obenauf liegen, nicht einarbeiten. Bei der Keimung und auch später nicht austrocknen lassen. Im Herbst Saatgut für das nächste Jahr ernten und abgestorbene Pflanzen entfernen.
Ökologischer Wert Schmetterlingsmagnet.

ESSBARE PFLANZEN
— *für wilde Kübel*

Auf engstem Raum ist viel möglich: Diese Pflanzen können wir ernten, ihr Aroma genießen und Tiere an den Blüten beobachten.

SCHNITTLAUCH
— Allium schoenoprasum

Blüte Violett, Juni bis Juli.
Pflanze Diese sehr früh im Jahr aus Zwiebeln treibende Staude wird 20 bis 25 cm hoch.
Im Topf Schnittlauch wächst an sonnigen oder halbschattigen Plätzen. Ein guter Boden und eine ausreichende Wasserversorgung (keine Staunässe!) lassen ihn gut gedeihen. Wegen seines frühen Austriebes bringt er frischgrüne Farbe und später lila Blüten in die Topfbepflanzung.
Pflege Passt der Standort, ist Schnittlauch sehr anspruchslos. Damit er zum Blühen und Aussamen kommt, muss man ihn wachsen lassen. Erst wenn die Samen ausgefallen sind, knapp über dem Boden abschneiden. Er benötigt dann etwas Dünger, z. B. Kaffeesatz.
Ökologischer Wert Bienen- und Schmetterlingsmagnet, Vögel lieben die Samen.

ERDBEERE
— *Fragaria* spec. in Sorten

Blüte Weiß, Mai bis Juni, je nach Sorte.
Pflanze Mehrjährige Staude, Wuchshöhe 30 bis 40 cm. Früchte ab Juni.
Im Topf Sowohl Sonne als auch Halbschatten wird vertragen. Wichtig ist ein humoser, gut mit Kompost versehener Boden. Da sie zu Wurzelfäule neigen, ist Staunässe zu vermeiden. Am besten wirken Erdbeeren alleine in Balkonkästen oder Töpfen, zumal ihre Ausläufer wie ein kleiner Vorhang über den Gefäßrand fallen. Eine Pflanze pro nicht zu klein dimensioniertem Topf reicht aus.
Pflege Wenn sie nicht zu heiß stehen, benötigen Erdbeeren nicht viel Wasser. Vor dem Frühjahrs-Austrieb mit Kompost „füttern".
Ökologischer Wert Wichtige Bienenweide.
Bemerkungen Für Problemstandorte sind die wilden Wald-Erdbeeren ideal.

ZITRONEN-MELISSE

— *Melissa officinalis*

Blüte Weiß, Juni bis August.
Pflanze Staude mit zitronig duftenden Blättern, 40 bis 60 cm hoch.
Im Topf Melisse liebt es sonnig, verträgt aber auch Halbschatten. Das Substrat sollte locker und durchlässig sein – ideal ist eine Mischung aus Gartenboden, Kompost und Sand. Die Erde darf nicht austrocknen. Da Melisse recht groß wird, darf sie alleine in einem Topf stehen. In gemischten Pflanzungen wächst sie am besten in der Mitte, da sie wenig standstark ist.
Pflege In heißen Perioden sollte man regelmäßig wässern. Ein Rückschnitt erfolgt im zeitigen Frühling, danach wird etwas mit Hornmehl gedüngt und eine leichte Kompostschicht aufgebracht. Im ersten Winter mit etwas Reisig schützen.
Ökologischer Wert Gute Wildbienenweide.

RUSSISCHES STRAUCH-BASILIKUM

— *Ocimum × basilicum* 'Magic Blue'

Blüte Violettblau, Mai bis Oktober.
Pflanze Dieses rotlaubige Basilikum bildet innerhalb kurzer Zeit einen fast strauchartigen Habitus mit 60 bis 90 cm Höhe. Es bringt wegen seiner Blattfarbe und der üppigen Blüten einen hohen Zierwert in die Kübelbepflanzung. Auch wenn es Regen ausgesetzt ist, bleiben die Blätter gesund.
Im Topf Strauch-Basilikum benötigt einen sonnigen Standort und gut humosen Boden. Auch austrocknen darf es nicht. Am besten kommt es in Einzelstellung zu Geltung.
Pflege Wichtig ist zuverlässiges Wässern. Hat man die Pflanze in ein kompostreiches Substrat gesetzt, reichen die Nährstoffe übers Jahr. Leider ist die Sorte bei uns nicht winterhart und muss im Haus überwintert werden.
Ökologischer Wert Sehr gute Bienenweide.

GELBER DOST

— *Origanum vulgare* 'Thumbles Variety'

Blüte Hellrosa, Juni bis September.
Pflanze Die gelblaubige Staude wächst dicht und kissenartig, sie wird nur 20 bis 30 cm hoch.
Im Topf Wegen der aparten Blattfarbe hellt dieser Dost eine Pflanzung auf. In Kombinationen sollte er im Vordergrund eines großen Gefäßes gesetzt werden, da er gut über den Kübelrand hängt. Die winterharte Sorte benötigt volle Sonne und normalen Boden.
Pflege Obwohl er Sonne braucht, darf dieser Dost nicht zu lange trocken stehen. Nach dem ersten Rückschnitt im zeitigen Frühjahr eine dünne Kompostschicht aufbringen. Der zweite komplette Rückschnitt erfolgt nach der Blüte. Dann treibt er mit neuen, gelben Blättern aus.
Ökologischer Wert Insektenmagnet.

ROSMARIN

— *Rosmarinus officinalis*

Blüte Hellblau bis hellviolett, April bis Juni.
Pflanze Mediterraner Halbstrauch mit nadelförmigen Blättern, 50 bis 100 cm hoch.
Im Topf Rosmarin wirkt am schönsten alleine in einem großen Kübel. Er braucht einen sonnigen Standort und durchlässigen, lehmig-sandigen Boden mit einer guten Kies-Drainage. Gießwasser muss gut abfließen können.
Pflege Die meisten Sorten sind nicht ausreichend winterhart. Hell und frostfrei überwintern. In milden Regionen reicht auch Winterschutz. Ein Schnitt im Frühjahr sorgt für ein starkes sowie dichtes Verzweigen. Zudem regt jede Ernte den Neuaustrieb an. Die beste Erntezeit ist vor der Blüte.
Ökologischer Wert Frühe Insektenweide.
Sorten Die Sorten 'Veitshöchsheim' und 'Arp' sind frosthart.

Checkliste

HÜBSCHE GEMÜSE FÜR GROSSE KÜBEL

- ☐ Aubergine
- ☐ Chili
- ☐ Mangold
- ☐ Paprika
- ☐ Speise-Rhabarber
- ☐ Wachsbohne

GROSSER SAUERAMPFER

— *Rumex acetosa*

Blüte Braunrote Blütenstände, Mai bis Juli.
Pflanze Das robuste, mehrjährige Wildkraut kann wie eine Blattschmuckstaude verwendet werden. Seine Wuchshöhe liegt bei 40 bis 80 cm.
Im Topf Sauerampfer bevorzugt leicht feuchten Boden. Im Kübel sollte nährstoffreicher Boden mit Sand gemischt werden. Bei ausreichender Wasserzufuhr verträgt dieser Ampfer Sonne, sonst ist ein Platz im Halbschatten besser. In einer Mischpflanzung wird er mittig gesetzt: Er ist gut standstark und bringt mit seinem Laub interessante Akzente.
Pflege Neben Feuchtigkeit muss er im Frühling mit Hornspäne versorgt werden. Nach einem Rückschnitt nach der Blüte treibt er wieder aus.
Ökologischer Wert Bienenweide.

GEWÜRZ-SALBEI

— *Salvia officinalis*

Blüte Violettblau, Juni bis August.
Pflanze Echter Salbei verholzt an der Basis, er hat immergrüne, duftende Blätter und wird 30 bis 60 cm hoch.
Im Topf Als mediterrane Pflanze verträgt Salbei einen sonnig-heißen Standort. Das Substrat sollte unbedingt kiesig und durchlässig sein. Er kann in Kombination mit anderen Kräutern stehen, aber je älter und größer er wird, desto besser wirkt er alleine im Kübel. Eine Unterpflanzung, beispielsweise mit dem Spanischen Gänseblümchen, ist denkbar.
Pflege Geringer Wasserbedarf. Ein leichter Rückschnitt nach der Blüte wirkt verjüngend – aber nicht bis in die verholzten Teile, das würde zu Kümmerwuchs führen. Bei Kahlfrösten ist ein Winterschutz nötig.
Ökologischer Wert Bienenweide.

BERG-BOHNENKRAUT

— *Satureja montana*

Blüte Hellviolett, August bis September.
Pflanze An der Basis verholzend, breitwüchsig, wintergrüne Blättchen, 10 bis 15 cm hoch.
Im Topf Der Standort sollte möglichst sonnig sein. Das robuste Bohnenkraut liebt trockene, nährstoffarme Kalkböden. Es wirkt als Solitär im Topf, aber auch schön in Kästen in Verbindung mit Pflanzen, die die gleichen Ansprüche haben.
Pflege Im Frühjahr kräftig zurückschneiden, damit der Wuchs kompakt bleibt.
Ökologischer Wert Als Spätblüher ist es eine wichtige Bienenweide im Herbst.
Bemerkungen Sowohl Blüten als auch Blätter sind essbar. Mit seinem leicht scharfbitteren und thymianartigen Geschmack ist es unverzichtbar als Würze für Bohnengerichte.

TOMATE

— *Solanum lycopersicum*

Blüte Gelb, Mai bis September.
Pflanze Tomaten sind einjährig und werden zwischen 20 cm (Buschtomaten) und über 2 m (Stabtomaten) hoch.
Im Topf Ist das Gefäß groß genug, sind sie gute Kübelpflanzen. Der Standort sollte sonnig, warm und geschützt vor Niederschlägen sein. Als Starkzehrer benötigen Tomaten einen nährstoffreichen Boden, der möglichst mit viel Kompost angereichert wurde. Konkurrenz verträgt sie schlecht, deshalb alleine setzen.
Pflege Nur den Wurzelbereich gießen (nicht über die Blätter) und mit Stroh als Mulch vor Austrocknung schützen. Pflanzen an Stäben hochleiten bzw. stützen. Alle zwei Wochen mit Brennnesseljauche düngen. Seitentriebe ausgeizen (Ausnahme: Buschtomaten).
Ökologischer Wert Gute Hummelpflanze.

Checkliste

KRÄUTER FÜR WILDE KÜBEL

- ☐ Französischer Estragon *Artemisia dracunculus* var. *sativus*
- ☐ Stauden-Rucola *Diplotaxis tenuifolia*
- ☐ Ysop *Hyssopus officinalis*
- ☐ Schottischer Liebstöckel *Ligusticum scoticum*
- ☐ Marokkanische Minze *Mentha spicata*
- ☐ Pimpinelle *Sanguisorba minor*

ECHTER THYMIAN

— Thymus vulgaris

Blüte Hell-violett, Juli bis September.
Pflanze Dichtbuschiger Kleinstrauch mit immergrünen duftenden Blättchen, 10 bis 25 cm hoch.
Im Topf Da der sonnenhungrige Thymian nur wenige Nährstoffe benötigt, kann er sowohl in einem kleinen Tontopf als auch in Kombination mit anderen Kräutern stehen. Staunässe ist unbedingt zu vermeiden.
Pflege Am richtigen Standort ist er sehr pflegeleicht und robust, wässern ist kaum nötig. Gelegentlich zurückschneiden.
Ökologischer Wert Sehr guter Nektarlieferant für Wildbienen und Schmetterlinge.
Arten und Sorten Beliebtes Küchengewürz. Es gibt flach und kugelig wachsende Arten und Sorten, welche teils auch unterschiedlich schmecken.

KAPUZINERKRESSE

— Tropaeolum majus

Blüte Große, leuchtende Blüten in Gelb-, Orange- und Rottönen, Mai bis Oktober.
Pflanze Diese bei uns einjährige Pflanze kann sehr üppig werden, bis zu 1 m lange kriechende, je nach Sorte auch rankende Triebe sind möglich. Sät sich selbst wieder aus.
Im Topf Die Kapuzinerkresse benötigt einen sonnigen bis halbschattigen Standort mit feuchtem, nährstoffreichem Boden – eine Mischung aus Kompost und Sand ist optimal. Sie passt an den Rand großer Tröge und kommt besonders gut in Mischung mit anderen Pflanzen, auch mit Gemüse, zur Geltung.
Pflege Passt der Boden, muss man nur noch gießen. Im Spätherbst entfernen.
Ökologischer Wert Hummelpflanze.
Bemerkungen Sowohl Blätter als auch Blüten sind essbar und schmecken nach Kresse.

SERVICE

ZUM WEITERLESEN

Grieb, Ortrud: **Wildkräuter in Töpfen & Kübeln.** Kosmos

Kern, Simone: **Wild & bunt. Naturnahe Gärten mit heimischen Pflanzen gestalten.** Kosmos

Oftring, Bärbel: **Tierisch guter Balkon.** Kosmos

Witt, Reinhard: **Das Wildpflanzen-Topfbuch. Ausdauernde Arten für Balkon, Terrasse & Garten – nachhaltig, pflegeleicht, lebendig und tierisch gut.** Verlag Dr. Reinhard Witt

NÜTZLICHE ADRESSEN

STAUDEN & KRÄUTER

www.allgaeustauden.de
www.bamberger-staudengarten.de
www.die-staudengaertnerei.de
www.foerster-stauden.de
www.gaertnerei-strickler.de
www.graefin-von-zeppelin.de
www.hof-berggarten.de
www.naturgartenvielfalt.de
www.pflanzenversand-gaissmayer.de
www.ruehlemanns.de
www.sarastro-stauden.com
www.shop.arche-noah.at
www.shop.hof-berggarten.de
www.stauden-augustin.de
www.stauden-kopf.at
www.staudenspatz.de
www.syringa-pflanzen.de

ROSEN

www.rosenhof-schultheis.de
www.rosen-kalbus.de
www.rosenschule.de

ZWIEBELBLUMEN

www.albrechthoch-shop.de
www.gewiehs-blumenzwiebeln.de

SAATGUT-TAUSCHBÖRSEN

www.saatgut-tauschen.de
www.tauschgarten.de
www.saatgutkampagne.org

NATURSCHUTZPRODUKTE

www.insekten-hotels.de
www.naturschutzcenter.de
www.vivara.de

ORGANISATIONEN

www.bluehende-landschaft.de
www.bund.net
www.lbv.de
www.nabu.de

REGISTER

BILDNACHWEIS

Mit 213 Farbfotos von **Elke Borkowski**, Herten: 115 li,: **Flora Press:** /Agencja Fotograficzn: 91 u.; /Alain Kubacsi: 123 li.; /Ardea: 72; /BIOS-PHOTO/Denis Bringard: 13 o. li.; /BIOSPHOTO/Philippe Giraud: 10 u.; /Buiten-Beeld: 71 o.; /Christine Ann Föll: 16 li., 18/19, 104 li., 105 re.; /Daniela Kunze: 95 re.; /Evi Pelzer: 53 u.; /Flowerphotos/Gillian Plummer: 4; /Flowerphotos/Sue Kennedy: Außenklappe vorne; /gartenfoto.at: 84 re.; /Georgie Steeds: 34/35; /GWI: 51 re., 126 li.; /Helga Noack: 65 u., 96; /Jane Sebire: 84 li.; /Karin Goldbach: 11 u.; /Martin Hughes-Jones: 125 re.; /Melli Freudenberg: 99 re.; /Nathalie Pasquel: 74 re.; /Nature In Stock/Franka Slothouber: 13 o. re.; /Sibylle Pietrek: 10 o., 20 li., 29 o., 87 Mi. re., 144; /Visions: 49, 98, 114 re.; **GAP Photos:** 24 o., 24 Mi., 29 u., 31 li., 57 li., 61 re., 69, 93, 95 li., 103 li., 110/111; /Alexander Zatschkovitsch: 66 u.: /Heather Edwards: 21 li.; /Ian Thwaites: 48; /Nicola Stocken: 29 Mi., 44; /Pernilla Bergdahl: 60 li.; /Richard Bloom: 42 li.; /Robert Mabic: 59; /Sarah Cuttle: 63 re.; /Thomas Alamy: 133 re.; /Tim Gainey: 88/89; **Naturfoto Hecker**, Panten-Hammer: Heiko Bellmann: 121 re.; / Frank Hecker: 6/7, 9 o. re., 11 Mi, 16/17, 17 o. re., 104 re., 109; **Simone Kern**, Argenbühl: 15 u., 17 Mi. re., 27 li., 66 Mi. li., 70 u., 73, 107; **Carolin Küßner**, Lindau: Innenklappe vorne: 6, 106 re.; **Marianne Majerus Garden Images:** /Marianne Majerus: 15 Mi., 21 re., 81 re.; **mauritius images:** /Alamy/Bastian Kienitz: 122 li.; /Alamy/Clare Gainey: 117 li.; /Alamy/FloralImages: 129 re.; /Alamy/Iain Pritchard: 62/63;/Alamy/Josef Iber: Innenklappe vorne: 3; /Alamy/RM Floral: 50 li., 126 re.; /Christina Blum: 116 li.; /Chromorange/Martina Raedlein: 106 li.; /Ernst Wrba: 9 li.; /Garden World Images/GWI/Jacqui Dracup: 118 li.; /Garden World Images/GWI/Jenny Lilly: 128 li.; /Garden World Images/Trevor Sims: Innenklappe vorne: 2; /kdscholzfoto: 114 li.; /McPHOTO/Hans-Roland Müller: 124 re.; /McPHOTO/Rolf Mueller: Innenklappe vorne: 4; /McPHOTO/Uwe Schwenk: 13 Mi. re.; /Westend61/Hans Huber: 119 li.; /Westend61/Martin Rügner: 66 o. re.; **Kerstin Mumm**, Braunschweig: Innenklappe vorne: 5, 60/61, 77 re., 83 o.; **Evi Pelzer**, Deggendorf: 9 Mi. re., 105 li.; **Manfred Ruckszio**, Taunusstein: 37 Mi. re., 66 o. li.; **Birgit Schattling**, Berlin: 70 Mi.; **Shutterstock:** /Ancha Chiangmai; 120 re.; /Andrew Fletcher128 re.; /Anna Gratys113 re., 134 li.; /Art.graph: 131 li.; /Bastian Kienitz: 132 li.; /Bildagentur Zoonar GmbH: 129 li.; /ChWeiss136 li.; /Drozdowski: 135 re.; / Elena Masiutkina:130 re.; /fotoknips:132 re.; /honeymonster134 re.; /Ihor Hvozdetskyi:113 li.; /Irina Safonova: Innenklappe vorne: 8; /Iva Vagnerova:112 li.; /Julian Popov:121 li.; /lcmrs: 119 re.; /Mariola Anna/S: 116 re.; /mizy: 38, 117 re.; /Natalka De: 137 re.; /Nazile Keskin: 136 re.; /neil hardwick: Innenklappe vorne: 7; /Olga Ionina: 123 re.; /Orest Iyzhechka: 112 re., 135 li.; /Paul Stout: 130 li.; /Pavel Mikoska: 13 u. li.; / Peter Radacsi: 137 li.; /Przemyslaw Muszynski: Innenklappe vorne: 1; /R. Maximiliane: 127 li.; /Richard Peterson: 133 li.; /Stephen William Robinson: 122 re.; /SusaZoom: Innenklappe vorne: 9; /UbjsP: 115 re.; /Volcko Mar: 124 li.; /YoonMomo: 131 re.; **Nina Stolzenburg**, Esslingen: 77 li., 91 o.; **Gartenbildagentur Strauss:** /Fröhlich, Heidi: 127 re.; /Konrad Wothe: 37 o. re.; /Strauss, Friedrich: 2, 15 o.; 20 Mi.; 23 o.; 23 Mi.; 24 u.; 25; 26 li.; 26 re.; 27 re.; 31 o. re.; 31 Mi. re.; 32/33; 34 li.; 35 re.; 37 li.; 39; 41 o.; 41 Mi.; 41 u.; 42 re.; 42/43; 43 re.; 46; 47 o.; 47 u.; 50 o. Mi.; 50/51; 52; 53 o.; 54; 55 li.; 55 re.; 60 re.; 65 o.; 65 Mi.; 66 Mi. re.; 71 u.; 74 li.; 76 li.; 76 re.; 78; 80 li.; 80/81; 82; 83 u.; 84 Mi.; 87 li.; 87 o. re.; 90 Mi.; 90 u.; 92; 94; 97; 99 li.; 100 li.; 100 re.; 100/101; 101 re.; 103 o. re.; 108 li.; 108 re.; 118 re.; 120 li.; 125 li.; /VisionsPictures: 103 Mi. re.

IMPRESSUM

Umschlaggestaltung von Gramisci Editorialdesign, Isabelle Jozina Fischer, unter Verwendung von 2 Farbfotos von Sibylle Pietrek (Umschlagvorderseite) und GAP Photos/Jonathan Buckley (Umschlagrückseite).

Mit 213 Farbfotos.

Alle Angaben in diesem Buch sind sorgfältig geprüft und geben den neuesten Wissensstand bei der Veröffentlichung wieder. Da sich das Wissen aber laufend in rascher Folge weiterentwickelt und vergrößert, muss jeder Anwender prüfen, ob die Angaben nicht durch neuere Erkenntnisse überholt sind.
Die Blütenfarben sind sortenabhängig, daher können auch Farben auf dem Markt sein, die im Buch nicht genannt werden. Die Blütezeiten sind ebenfalls sortenabhängig, aber auch klima- und standortabhängig. Die angegebenen Wuchshöhen und -breiten der Pflanzen sind Mittelwerte. Sie können je nach Nährstoffgehalt des Bodens variieren. Verschiedene Sorten können deutlich größer oder auch kleiner wachsen als die Art.

Unser gesamtes Programm finden Sie unter **kosmos.de.**
Über Neuigkeiten informieren Sie regelmäßig unsere Newsletter, einfach anmelden unter **kosmos.de/newsletter**

Gedruckt auf umweltfreundlichem Papier, klimaneutral hergestellt.

ISBN 978-3-440-17902-4
Projektleitung: Carolin Küßner
Redaktion und Bildredaktion: Carolin Küßner
Gestaltungskonzept: Peter Schmidt Group GmbH, Hamburg
Gestaltung und Satz: Katrin Kleinschrot, Stuttgart
Produktion: Klaus Jost
Druck und Bindung: Gugler GmbH, A-Melk/Donau
Printed in Austria / Imprimé en Autriche

print 4 climate®
klimafreundlich gedruckt

Sicher. Kreislauffähig. Klimafreundlich.
C2C Certified® SILBER by gugler*
drucksinn.at

Gedruckt nach der Richtlinie „Druckerzeugnisse" des Österreichischen Umweltzeichens. gugler*print, Melk, UWZ-Nr. 609, www.gugler.at

Naturnah gärtnern — nachhaltig leben

128 Seiten

Gärtnern mit dem Zufall heißt die zeitgemäße Antwort auf die neue Klimasituation. Die faszinierenden Hungerkünstlerpflanzen dieser Gestaltungsart benötigen wenig Wasser und Nährstoffe, vermehren sich ganz natürlich und machen kaum Arbeit. Simone Kern hat viel Erfahrung mit dieser neuen ressourcenschonenden Philosophie und zeigt kreative, ökologische Konzepte für jeden Gartentyp, vom Bauerngarten bis zur Dachterrasse. Im Detail beschreibt sie Planung, Anlage sowie die Pflege naturnaher, trockenheitsresistenter Gärten und gibt Einkaufstipps für geeignete Pflanzen. Ein Buch voller inspirierender Ideen für äußerst attraktive, pflegeleichte Gärten, die sich jedes Jahr aufs Schönste wandeln.

Wer seinen Garten insektenfreundlich arrangieren möchte, findet in diesem Praxisbuch Inspiration und konkrete Umgestaltungsideen. Welche Ansprüche haben Wildbienen und andere Nützlinge? Naturgarten-Expertin Simone Kern zeigt von Frühling bis Winter, welche Pflanzen Bienen & Co. mit Nahrung versorgen und Unterschlupf bieten. Porträts der 30 besten Pflanzen und ihren Eigenschaften erleichtert die Auswahl. Auch geeignete Beetformen und Gefäße werden ausführlich vorgestellt. Ein reich bebilderter Ratgeber für alle, die etwas für Bienen tun wollen – jeden Tag, zu jeder Jahreszeit.

112 Seiten